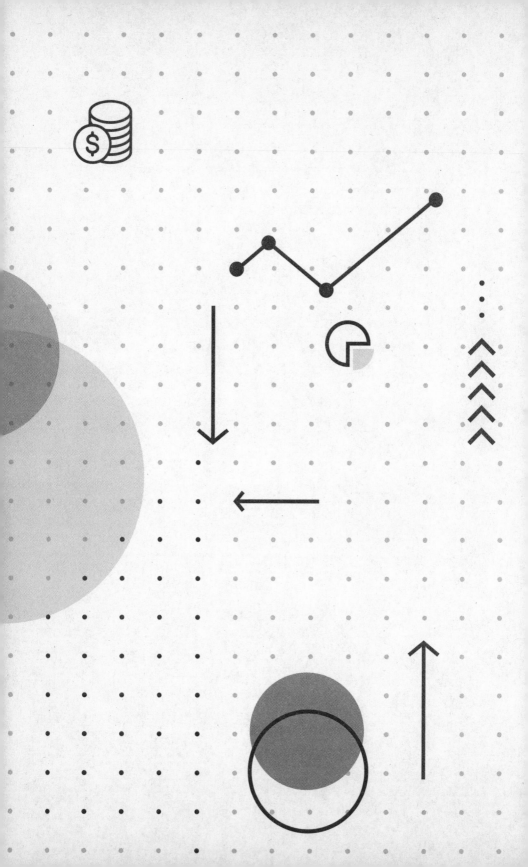

MONEY SUTRA

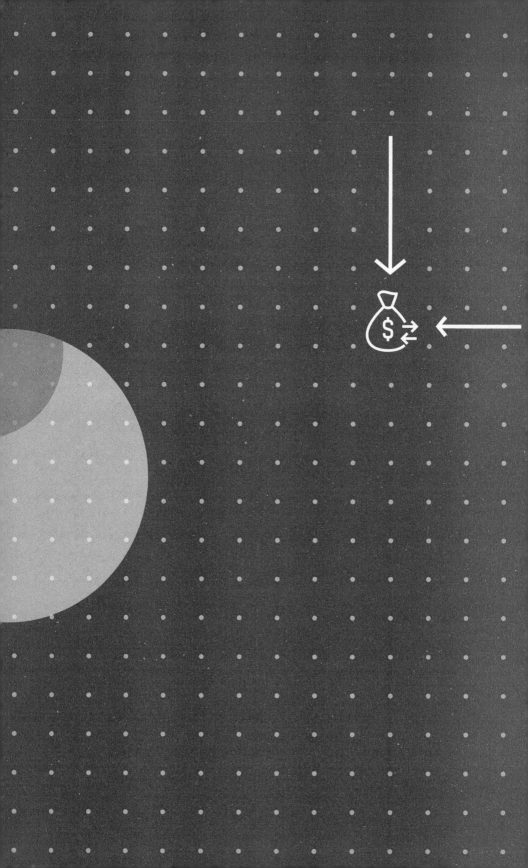

Mauricio Roca Falla

MONEY SUTRA

La guía para
alcanzar la
tranquilidad
financiera

Grijalbo

Money Sutra
La guía para alcanzar la tranquilidad financiera

Primera edición en Colombia: abril, 2018
Primera edición en México: marzo, 2020

D. R. © 2018, Mauricio Roca Falla

D. R. © 2018, de la presente edición en castellano para todo el mundo:
Penguin Random House Grupo Editorial SAS
Carrera 5A No. 34A-09
Bogotá, Colombia
PBX (571) 7430700

D. R. © 2020, derechos de edición mundiales en lengua castellana:
Penguin Random House Grupo Editorial, S. A. de C. V.
Blvd. Miguel de Cervantes Saavedra núm. 301, 1er piso,
colonia Granada, alcaldía Miguel Hidalgo, C. P. 11520,
Ciudad de México

www.megustaleer.mx

ISBN: 978-607-318-940-8

Impreso en México – *Printed in Mexico*

El papel utilizado para la impresión de este libro ha sido fabricado a partir de madera
procedente de bosques y plantaciones gestionadas con los más altos estándares ambientales,
garantizando una explotación de los recursos sostenible con el medio ambiente y beneficiosa para las personas.

Penguin
Random House
Grupo Editorial

ÍNDICE

3 LO QUE CUESTA VIVIR

4   MIS MEJORES AMIGAS: LAS CUENTAS BANCARIAS Y LA TARJETA DE CRÉDITO

5 INVERTIR: LA ÚNICA MANERA DE HACER CRECER TU DINERO

6   ASEGURANDO LO MÁS VALIOSO

7   EL MAL DE MUCHOS: "NO TENGO TRABAJO"

8   LOS 11 PASOS DE MONEY SUTRA

9   ÚLTIMOS CONSEJOS PARA TU TRANQUILIDAD FINANCIERA

INTRODUCCIÓN

La palabra *sutra* significa escritos en los que se exponen enseñanzas y preceptos relativos a las diferentes vías de conocimiento para alcanzar la "iluminación" o realización espiritual del ser humano. Por eso, el nombre de este libro es *Money Sutra*, ya que está orientado a que obtengas el conocimiento para alcanzar equilibrio y serenidad en las finanzas.

Felicitaciones por haber dado este primer paso hacia la tranquilidad financiera. Si nos encontramos en este punto es porque has decidido mejorar la forma en la que manejas tus finanzas personales. Como sabemos, la situación financiera de una persona impacta no sólo en su economía, sino en todos los demás aspectos de su vida, ¿y quién no quiere vivir una vida plena? Considera la lectura de este libro y el seguimiento de estas estrategias como un primer paso hacia la prosperidad.

Algunos dirán que manejar las finanzas personales es una tarea difícil y confusa; otros, que no tienen suficiente dinero que "administrar" y se quedarán pensando que simplemente "la lana no alcanza". La verdad es que cualquier cantidad de dinero es "administrable"; puedes empezar hoy con 1 000 pesos, o con 10 000, o con 100 000... lo importante es que empieces.

A lo largo de esta lectura encontrarás información sobre las mejores formas de gastar, invertir y hacer crecer tu dinero. El objetivo de este libro es borrar para siempre esa sensación de no saber en dónde ni en qué se te fue el dinero, ese sentimiento de vacío cuando no sabes si tu tarjeta de crédito va a pasar o no, y ese pánico que tienes antes de abrir los estados de cuenta y facturas por pagar que se acumulan al final del mes. En otras palabras, mi propósito es ayudarte a alcanzar la tan ansiada *tranquilidad financiera*.

Cuando pienses en tu dinero imagínate una cantidad de monedas dentro de un frasco; cada vez que tienes una necesidad tomas una cantidad y puedes ver claramente cómo el nivel de ellas en el frasco disminuye y cuánto queda; a su vez, cada vez que ganas dinero lo depositas allí y ves cómo el nivel aumenta. Administrar tu dinero es así de fácil, a eso es a lo que se refiere la gente cuando habla de *finanzas personales*.

Claro, a veces el nivel en el frasco disminuye sin que sepas qué hacer, y tienes que recurrir a las tarjetas de crédito y a los préstamos para llenarlo; ésa puede ser una de las razones por las que estás leyendo este libro. O tal vez estás cansado de mantener un frasco lleno sin saber qué puedes hacer para ver crecer su contenido más que esperar tus pagos mes con mes, es decir, quieres manejar tu dinero de una forma más efectiva. En cualquiera de las dos circunstancias te puedo ayudar.

1
EL CAMINO HACIA LA TRANQUILIDAD FINANCIERA

LOS PRIMEROS PASOS

El ciclo de gasto-culpa no nos deja ahorrar

Digamos que es viernes en la tarde. Aún faltan cinco días para el pago de la próxima quincena. Tú, como siempre, tienes el dinero contado para que te alcance para el transporte y la comida, y tal vez unos pesitos extra porque este mes sí vas a empezar a ahorrar para ese viaje a Cancún. Pero tus amigos te llaman: van al antro esta noche. ¿Qué hacer? La pregunta se repite condescendientemente en un lado de tu cerebro mientras el otro está haciendo cuentas del saldo de la tarjeta de crédito que se liberó en el último pago mínimo que realizaste al principio de mes.

Reemplaza "antro esta noche" por "zapatos con 70% de descuento", "caminadora portátil por sólo 1000 pesos al mes" o "última versión de celular" y tendrás el origen del sentimiento de culpa que te acompaña los cinco miserables días que vives antes de que llegue la próxima quincena. La situación se repite todos los meses y escala gravemente: ya no es faltando cinco días para la quincena sino 10, 12. Y a la resaca del día siguiente se le suma la vergüenza que sientes por no haber cumplido tus objetivos una vez más. Este mes sí va a ser tu mes, pero entonces se atraviesa esa cartera que siempre has querido y que hoy tiene 40% de descuento, ese traje que está al dos por uno (y que podría servir para el trabajo, al fin y al cabo, ¡está de rebaja!) y entonces, para animarte, para salir de esa vergüenza y sentimiento de inferioridad, compras. Y el ciclo vuelve a iniciarse.

¿Qué tal si pudieras hacer todas estas cosas de las que disfrutas y al mismo tiempo librarte de la culpa que sientes al gastar?

Es aquí donde acude la verdadera hada madrina: con la construcción de nuestra visión financiera para iniciar la primera etapa de la planeación financiera.

La planificación es clave

Lo que busco con este libro es enseñarte a hacer las cosas que te gustan y al mismo tiempo a vivir tranquilo con tus finanzas. Éste es el concepto de riqueza que manejaremos de aquí en adelante, porque de nada vale tener millones si estamos atrapados por ellos; lo que cada persona debería buscar, en lo que debería enfocar sus esfuerzos se llama *tranquilidad*. Tranquilidad para decidir qué hacer y cómo hacerlo; tranquilidad financiera, y para lograrla vamos a trabajar en un concepto sencillo pero poderoso: *planificación*.

La planificación es sencilla y es la mejor herramienta para tener un futuro tranquilo y vivir un presente sin miedo a la incertidumbre; al contrario de otras personas que deciden vivir con un eterno sentimiento de angustia con respecto al dinero y, por ende, respecto a casi todos los demás aspectos de su vida.

Porque, como he dicho antes, el dinero impacta de manera directa o indirecta en todos los ámbitos de nuestra existencia.

Basta de preguntarte qué hicieron las personas que hoy consideras prósperas y que hace unos años eran comunes y corrientes.

RAZONES POR LAS QUE DEBES ARREGLAR TUS FINANZAS PERSONALES:

- No te alcanza el dinero para llegar al final del mes y no sabes en qué te lo gastaste.
- No te alcanza el dinero para llegar al final del mes, sabes en qué lo gastaste, pero no cómo podrías disminuir tus gastos.
- No ahorras.
- El dinero que ganas es suficiente, pero estás cansado de ahorrar y ahorrar lentamente sin saber cómo hacer crecer tu dinero para cumplir tus objetivos.
- Ganas suficiente dinero, te sobra después de atender tus necesidades, pero vives sueldo a sueldo; no tendrías dinero si te quedaras sin trabajo.
- Tienes dinero ahorrado, pero no sabes qué hacer con él.

Cualquiera que sea tu caso, un buen manejo de las finanzas personales puede ayudarte.

Es importante empezar hoy

No, no importa quién eres ni de dónde vienes, ni cuánto ganas, ni en qué trabajas. Saber cómo manejar los recursos con los que cuentas es una habilidad que no depende en nada de las circunstancias particulares de tu vida. Para saber cómo manejar 10 000 pesos se requiere el mismo conocimiento que para manejar un millón. Puedes empezar de cero con los recursos que tengas a tu alcance, y si empiezas hoy, mejor. El tiempo, literalmente, es oro, lo único que requieres es conocer las operaciones básicas: sumar, restar, multiplicar y dividir.

Las personas no tienen "suerte con el dinero", sino que disfrutan de los resultados de manejar bien sus recursos, que vienen con el tiempo y la comprensión del sistema. Lo primero que debes meterte en la cabeza es que la tranquilidad financiera no es cuestión de magia o suerte, sino de conocimiento y, aunque no te guste, de un poco de organización. Para tu conocimiento estás leyendo este libro y para la organización... bueno, puedo darte algunas estrategias de motivación, aunque dudo que necesites algo más que ver cómo los ceros empiezan a aumentar al final del saldo de tu cuenta bancaria.

RAZONES PARA APRENDER A MANEJAR TUS FINANZAS HOY:

- Porque entre más rápido inicies, más ganancias verás en el futuro.
- Porque quieres ver crecer tu cuenta bancaria.
- Porque estás cansado de pagar intereses a los bancos.

- Porque tienes un sueño que quieres hacer realidad.
- Porque no quieres que tu dinero se deprecie al estar en la cuenta del banco sin hacer nada.
- Porque no hay razón para dejar que los bancos disfruten del dinero de tus cuentas sin que tú veas ganancia alguna de ello.

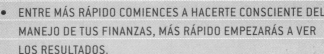
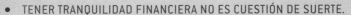

- MANEJAR LAS FINANZAS ES TAN FÁCIL COMO METER Y SACAR MONEDAS DE UN FRASCO.
- ENTRE MÁS RÁPIDO COMIENCES A HACERTE CONSCIENTE DEL MANEJO DE TUS FINANZAS, MÁS RÁPIDO EMPEZARÁS A VER LOS RESULTADOS.
- TENER TRANQUILIDAD FINANCIERA NO ES CUESTIÓN DE SUERTE.

¿POR QUÉ NO ME ALCANZA EL DINERO?

Claridad sobre los objetivos financieros

Todos los meses es lo mismo: llegas al final de la quincena y ya no sabes de dónde más sacar dinero. Recurres a los amigos para que te inviten a comer, te apegas a la dieta de sándwich de jamón y queso o, si tu situación es realmente delicada, recurres a la tarjeta de crédito con tal de no privarte de los tacos al pastor que cuestan más de 100 pesos. Nadie quiere perderse de nada y la vida es muy corta, ¿verdad?; pero los minutos se hacen muy largos cuando la estás pasando mal.

Piensa en lo siguiente: la vida también es muy corta para estar sufriendo por dinero todos los meses, sudando frío y perdiendo el sueño con la esperanza de que venga el hada mágica llamada herencia, aumento de sueldo, ganancia ocasional, ayuda de tus papás, lotería, pareja adinerada, etcétera.

Así como sueles soñar despierto con la ayuda de dicha hada mágica, voltea la situación y pide cosas específicas: *establece tus objetivos financieros*. ¿Para qué quieres que te alcance el dinero?

¿Quieres comprar una casa? ¿Un auto? ¿Quieres ayudarles económicamente a tus familiares? ¿Quieres irte de vacaciones? ¿Quieres comprarte un par de zapatos cada mes? ¿Quieres salir todos los fines de semana de antro con tus amigos? ¿Quieres estrenar celular cada año?

Lo que sea, toma un lápiz ahora y escríbele al hada. Ponle cara a tus objetivos y así tendrás la motivación necesaria para producir, ahorrar y administrar el dinero que requieras para lograrlos. ¿Qué quieres?

¿QUÉ QUIERES?

1

2

3

4

Hay una gran diferencia entre hacer las cosas con un objetivo y ahorrar porque sí.

La construcción de la visión financiera es muy importante, así que sueña, plasma lo que quieres y cuándo lo quieres y desarrolla tu plan. Revisa tu sueño periódicamente y ajústalo. Para mí la mayoría de la gente fracasa o abandona su plan porque no mantiene vigentes sus sueños ni mide su alcance.

Una vez que tengas claros tus objetivos, busca imágenes que los representen e imprímelas, colócalas en tu pared o como fondo de pantalla de tu computadora o celular. La visualización permanente te ayudará a cumplir tus objetivos propuestos.

VISIÓN

PRESENTE | POSITIVO | PODEROSO

Ahora bien, la visión debe ser positiva y poderosa, y expresarse en tiempo presente.

HAGAMOS NUESTRA VISIÓN

HOY ES

DÓNDE Y QUÉ ESTÁ PASANDO

PASOS DE ACCIÓN (QUÉ HICE)

ESTO ES IMPORTANTE PARA MÍ PORQUE

EJEMPLO:

1. Hoy 22 de febrero de 2022.

2. Está ingresando mi hijo mayor a estudiar Arquitectura en una universidad privada de la Ciudad de México.

3. Para lograr esto comencé un plan de ahorro para la universidad y reduje algunos gastos en viajes.

4. Es muy importante para mí porque le estoy dando las bases a mi hijo para que se desarrolle como profesional.

Razones emocionales del gasto

La mayoría de las veces la razón de este gasto desmedido no tiene nada que ver con la economía, sino con una emoción. Con el método de la planeación financiera quiero que te sientas igual de emocionado al ahorrar e invertir que al comprar ese par de tenis nuevos, y lo mejor: sin resaca financiera al terminar el mes.

¿Alguna vez has oído hablar del término *compras emocionales*? Son las que hacen mover la economía y al mismo tiempo las que hacen que tus amigos tengan que invitarte a comer el resto del mes. El *marketing* de todos los productos está enfocado en que hagas compras emocionales porque el origen de tu gasto está, por lo general, en alguna razón psicológica, que debes aprender a identificar y controlar. No dejes que una compra que te va a hacer feliz hoy, te haga sentir miserable en el futuro. No te dejes manipular.

Aprende a diferenciar entre lo que quieres y lo que necesitas; esto puede hacer maravillas en la calidad de tus gastos.

LO QUE NECESITO

LO QUE QUIERO

Mitos sobre el ahorro y las finanzas

Al igual que las razones emocionales, los hábitos y creencias nos perjudican a la hora de poner en marcha una buena planeación financiera. Las creencias influyen en nuestros hábitos y éstos en nuestras acciones, lo que a largo plazo nos afecta económicamente. Identifica tus creencias y trabaja en ellas, por ejemplo las siguientes:

1. **Las finanzas son complicadas y únicamente para expertos.**

   Las finanzas personales son simples: sumar, restar, multiplicar y dividir. A veces estamos tan abrumados por la información que nuestro cerebro prefiere mejor no hacer nada. Unos dicen que puedes perder dinero con una inversión riesgosa, otros dicen que la bolsa los quebró, otros, que compres acciones de cierta compañía.

   Depura la información y considera el camino más simple y efectivo: *control del gasto-ahorro-inversión-diversión.*

2. **Las finanzas son aburridas.**

   Los medios nos tienen bombardeados de información que en realidad no queremos escuchar. ¿Hacer un presupuesto?, ¿escoger acciones?, eso es para gente aburrida. La vida es muy corta para esto.

3. **Sólo las personas que han nacido en familias ricas pueden hacer más dinero.**

   No, tú no estás condenado a una vida circunscrita al sueldo, también puedes ahorrar e invertir y comprar lo que te gusta.

4. **Tienes que escoger entre estudiar y ganar dinero, porque no te alcanza para los dos.**

   No, tú puedes pagar tus préstamos universitarios (lo que se considera una inversión) y también ahorrar dinero.

5. **No tengo suficiente dinero para ahorrar.**

   Todos tenemos dinero suficiente para ahorrar. Con el sistema de planeación financiera al menos 10% de cada centavo que entra en tu bolsillo es susceptible de ser ahorrado.

6. **La gente sólo logra ahorrar y cumplir sus sueños en países del primer mundo: este modelo no es para los latinos.**

   La planeación financiera funciona aquí y en China. Es cuestión de perspectiva y de tener esta misma clase de visión; es la percepción y el comportamiento de las personas financieramente libres lo que las hace así. Si quieres ser como alguien a quien admiras, aprende a pensar como ese alguien.

7. **Me preocuparé por el dinero cuando sea viejo.**

   No habrá tiempo cuando seas viejo, empieza hoy. Recuerda que el tiempo es oro; entre más rápido comiences tu plan de ahorro más factible será conseguir tu tranquilidad financiera.

- HAZ UNA LISTA DE LOS OBJETIVOS QUE QUIERES LOGRAR, CUÁNTO DINERO TE PODRÍA AYUDAR A CUMPLIRLOS Y EN QUÉ PLAZO LOS ALCANZARÍAS.
- IDENTIFICA LAS RAZONES EMOCIONALES DE TU GASTO Y TRATA DE CONTROLARLAS O, AL MENOS, MOTÍVATE CON EL PRIMER PUNTO DE ESTA LISTA.
- IDENTIFICA LOS HÁBITOS Y CREENCIAS QUE TE ESTÁN PERJUDICANDO.
- IDENTIFICA LO QUE TE HACE FELIZ Y, SI EL DINERO LO PUEDE COMPRAR, TRABAJA PARA ELLO.
- IMAGÍNATE UNA VIDA LIBRE DE DEUDA FINANCIERA.

2

— REPITE CONMIGO: — AHORRAR Y LUEGO GASTAR

PLANEACIÓN FINANCIERA O "GASTAR CON CONCIENCIA"

Como dije al principio de este libro, manejar las finanzas es un proceso fácil y lógico que no requiere más de tu parte que calcular operaciones básicas, y tan simple que se asemeja a meter y sacar monedas de un frasco.

Para perderle el miedo a las finanzas personales vamos a implementar un método sencillo: la *planeación*, de la que ya hablamos en el capítulo 1. Probablemente te has dado cuenta de que hacer las cosas es mucho más simple y menos terrorífico cuando tienes "todo bajo control". Si eres capaz de planear unas vacaciones, la próxima fiesta de cumpleaños de tu hijo o de manejar tu agenda, también serás capaz de planear tu vida financiera. Pero no nos adelantemos, no es necesario que planifiques toda tu vida de aquí en adelante. Comencemos con planear tu mes. Lo primero que debes hacer es perderle el terror a hacerte cargo de tus cuentas.

Hay actividades más complicadas que planear tus finanzas y que realizas todos los meses, como manejar una agenda llena de citas, tareas y compromisos, ir al súper, calcular y planear las comidas de tu familia, ocuparte de pagar todas tus cuentas al principio del mes y llevar a cabo la logística de la rutina de tu familia.

La importancia de saber en qué te estás gastando el dinero

Si llegaste aquí motivado por encontrar la manera de organizar tus finanzas, es probable que estés ansioso por empezar a investigar dónde se ha ido tu dinero. Este primer paso puede ser el más retador, pero una vez que lo hagas te prometo que te sentirás mucho más tranquilo. ¿Quién no se siente mejor cuando toma el toro por los cuernos? ¿No es mejor que huir de él sin saber qué tan de cerca te sigue los pasos?

Haz una lista de los gastos que tienes cada mes. Sólo por esta ocasión. No tienes que hacer esto todos los meses ni con todas las compras que haces.

¿CÓMO REGISTRAR LOS GASTOS?

Puedes registrar los gastos de diferentes maneras:

- Aplicaciones en línea para registro de gastos: hay decenas en las tiendas de aplicaciones tales como iGasto-Control de Gastos, Finerio, Moneyfy, Fintonic, MoneyWiz, etcétera.
- La típica y confiable hoja de Excel.
- Los amigos fieles: el cuaderno de escuela y el lápiz del número 2.
- El método de la esperanza: guardar todos los recibos, estados de cuenta y facturas, y hacer cuentas a final de mes (lo llamo el método de la esperanza porque cabe la gran posibilidad de que termines sin hacer la lista y pierdas los recibos, pero si crees que te funciona no dejes que mi falta de fe te desanime).

La lista debe tomar en cuenta los siguientes aspectos:

1. Gastos fijos, es decir, de los que no te puedes librar: servicios públicos, comida, transporte, escuelas, seguros médicos si los tienes, hipotecas si tienes o rentas.

2. Gastos variables: salidas a comer, recreación, compra de bienes. Ya sé que duele ver que has gastado 1000 pesos este mes en donas, que gastas 5000 pesos en zapatos cada tres meses o que, aunque te lo has propuesto, la lista del súper siempre excede los 4000 pesos (coincidentemente después de pasar por la sección *gourmet*). Pero es un dolor necesario que sólo va a traer buenos resultados.

3. Una vez que tengas este presupuesto viene la parte divertida: observa tu lista de gastos. De la lista de cosas en las que te gastas el dinero, escoge aquellas que

realmente son importantes para ti. Ahora compáralas
con la lista de deseos que le pediste a tu hada madrina
en el primer capítulo (deben ser iguales; de no serlo,
replantea los objetivos).

Entonces, vamos a olvidarnos del presupuesto mensual (no
más recibos regados por toda tu casa, bolsa o cartera) y vamos
a dividir los ingresos en cuatro simples categorías tales como:
ahorro, inversión, gastos fijos y lo que a mí me gusta.

Ahorro. Debe ser mínimo de un 5% de tu ingreso y hasta 10% si es posible. Este dinero se va
directo a cumplir tus objetivos, los que estableciste en el primer capítulo: vacaciones,
estudio, compra de vivienda. Aquí
calcula el dinero que necesitarás
para metas a corto, mediano
y largo plazos. Con este dinero
también debes cubrir gastos
inesperados como regalos, y
desembolsos grandes a largo
plazo como colegiaturas uni-
versitarias.

Este dinero puedes destinarlo para comprar
la casa propia que has querido, el auto que te hace falta para
llegar a tu trabajo, para pagar la universidad de tus hijos o
para hacer ese viaje por Europa.

Pero este ahorro no sirve de nada si lo dejas dormido en sus
laureles dentro de la cuenta de banco, por ello más adelante
vamos a ver cómo puedes multiplicar este ahorro por medio
de la muy necesaria inversión.

Otro aspecto importante dentro de esta categoría es proteger el ahorro por medio de lo que llamaremos el *fondo de*

emergencia, el cual explicaremos al final de este capítulo. Velo como un colchón de dinero en el que puedes aterrizar en caso de que los planes no salgan como habías pensado. Entre más mullido y grueso el colchón, más suave será la caída.

Inversión. Destina para invertir mínimo 15% de tu ingreso. Este dinero va a ganar dividendos a largo plazo para que construyas un colchón financiero grueso y puedas retirarte con comodidad. Está destinado para tu pensión, compra de propiedades, negocios, acciones, etcétera.

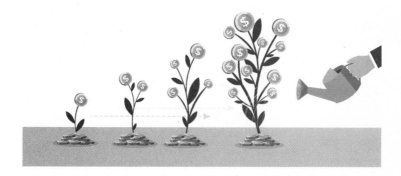

Gastos fijos. Deben ser alrededor de 60% de tus ingresos. Son todos los gastos que tienes mes con mes: vivienda, alimentación, transporte, servicios públicos, créditos, deudas, seguro médico, cuotas de vehículo, ropa, compras misceláneas.

Sé acucioso con estas cuentas, anota todos tus gastos, lleva un registro de todo lo que haces durante unas semanas para estar seguro de lo que gastas. Ten en cuenta tus estados de cuenta y facturas. Al final, añade de 10 a 15% para cubrir gastos variables que se te escapen en el momento.

Lo que a mí me gusta. Ésta es la parte divertida, ahora ya puedes disfrutar del resto de tu dinero y gastarlo en lo que verdaderamente quieres con la seguridad de que ya estás trabajando por tus sueños. Para esto debes destinar entre 10 y 15% de tu ingreso. Luego, gástalo en las cosas que realmente te importan y que no amenacen el alcance de tus objetivos y de las cosas que te hacen feliz, las que estableciste en el primer capítulo.

En esta categoría incluye eso que ahora sí te puedas permitir, que va de acuerdo con tus deseos a conciencia y que te hacen feliz; como salidas a restaurantes, entretenimiento, compras de placer y viajes y, sí, taxis (si son realmente importantes para ti). Todo, valga la redundancia, lo que creas que de verdad vale la pena.

El último paso consiste en comparar tus gastos con tus ingresos y hacer los ajustes correspondientes. Establece cuánto ganas mensualmente e incluye todas las entradas de dinero que tengas.

Empieza hoy. Así ganes 10 000 pesos, *empieza hoy*.

El cuadro 2.1 puede ayudarte a establecer un presupuesto y a poner en claro en qué te gastas el dinero:

Ingresos	Mensual	Anual
Sueldos y salarios		
Honorarios		
Bonos y comisiones		
Ingresos de renta		
Otros ingresos		
Total		
Egresos		
Hipoteca (renta)		
Administración/otros		
Servicios (agua, luz, teléfono, otros)		

Alimentación		
Educación (escuelas y otros)		
Vehículos (cuotas, mantenimiento)		
Transporte (taxis, camiones, metro)		
Médico no cubierto por seguro, medicamentos		
Odontólogo, otros profesionales de la salud		
Cosméticos, salón de belleza, otros		
Ropa, zapatos y otros accesorios		
Seguro de vida (parte no cubierta por la empresa)		
Seguro médico (parte no cubierta por la empresa)		
Seguro de propiedades		
Impuestos		
Entretenimiento (cine, restaurantes, shows, conciertos, etc.)		
Vacaciones		
Ahorros (fondo de retiro)		
Imprevistos		
Otros		
Total		
Superávit o (déficit)		

Cuadro 2.1. *Estado de ingresos y egresos*

¿CÓMO GASTAR MENOS?

¿Qué hacer cuando el monto total de tus gastos te impide ahorrar? Cuando ya destinaste todo tu dinero a gastos básicos y deudas, entonces es cuando te quedan dos caminos: bajarle a los gastos o producir más dinero.

Suena terriblemente simple, y, lo sé, poco realista para ti, pues crees que ya lo has intentado todo. Pero vamos a hablar de estrategias para cumplir con estos objetivos. Debes poner una de ellas o todas en práctica.

Empieza por hacer una lista en la que priorices los gastos según su categoría, de más importantes a menos importantes para ti. Puedes utilizar la tabla que ya elaboraste en la primera parte del capítulo para tener en cuenta realmente todos tus gastos. Entonces empezaremos a saber por dónde podemos recortar.

Ten en cuenta:

- **Renta**. Analiza si lo que pagas por tu vivienda es lo justo y lo mejor que puedes obtener por tu dinero. Pregunta, busca y, como siempre, apégate a tus sueños y prioridades para tomar esta decisión. Identifica lo que es importante para ti y vive acorde a esto. Las conclusiones de este ejercicio pueden dar como resultado que busques una renta menor ya sea cambiando de lugar, compartiendo un sitio o negociando una mejor tarifa.
- **Suscripciones automáticas a servicios.** Servicios de *streaming* por suscripción mensual (Netflix, Amazon), servicios de música, videos o cualquier otro contenido que se pague por suscripción mensual (Spotify, Google Play, suscripciones a revistas). Suscripción a programas de computadora (Adobe). Revisa cuáles son prescindibles. Servicios de cable e internet: se puede conseguir un mejor trato con ellos siempre y cuando ya hayas superado su cláusula de tiempo mínimo.
- **Lista del mercado.** Decide cuáles son alimentos estrictamente necesarios frente a los antojos de último minuto, y no olvides los alimentos que siempre se pierden en tu cocina y que sigues comprando. Considera planear tus menús para darte cuenta de lo que estás adquiriendo por

costumbre y no por necesidad. Compara precios; hoy, la mayoría de los supermercados ofrece servicios a domicilio y puedes ver los precios de todo en sus páginas de internet. Visita tu mercado local o central de abastos y verifica si es más barato comprar allí. Atente a una lista o compra por internet después de haberte asegurado de obtener el mejor precio posible, así evitarás caer en la trampa de comprar alimentos que no utilizarás.

- **Comidas fuera de casa.** Considera tus opciones, trata de planear tus comidas si definitivamente no puedes cocinar en casa; poner en peligro tu salud por ahorrar, en este caso, no es inteligente financieramente: la idea es mantener un estilo de vida que te lleve a disfrutar ese fondo de retiro para el que estás ahorrando.

- **Servicios públicos.** Define en qué puedes ahorrar y qué rutinas te afectan. Por lo general, planear las labores de la casa funciona mejor que vivir el día a día. Establece un plan en cuanto a gasto de agua y luz, por ejemplo: lava tu ropa cada 15 días en lugar de cada vez que se llena el cesto de la ropa sucia. Acumula platos sucios para luego lavarlos todos utilizando eficientemente el agua. Instala reguladores de presión en tus grifos. Servicios de internet y teléfono: verifica qué tanto los utilizas en realidad y, a no ser que los destines para tu trabajo (y para generar ingresos), busca ahorrar obteniendo un plan más barato y adecuado a tus necesidades. En cuanto al teléfono, no voy a pensar que lo que le sirve a uno le sirve al otro. Identifica tus necesidades y luego define si conviene más tener un plan de celular que mantener el teléfono de casa.

- **Transportes.** Identifica si puedes tomar una mejor ruta en transporte público o habla con otras personas de tu oficina para compartir un auto y los costos de estacionamiento. Haz una lista de las veces que gastas dinero en transporte a causa de conductas que puedes cambiar.

Ejemplo: tomas taxi porque te levantas tarde tres veces a la semana.

- **Rutinas de mantenimiento corporal.** Busca cómo reducirlas sin perjudicar tu imagen. Si no puedes vivir sin hacerte la manicura, pedicura, arreglo del cabello y depilación todas las semanas, hay varias alternativas: considera la posibilidad de no pintarte el cabello o aprender a hacerlo tú mismo, busca hacer un trato con tu peluquería para que te den una tarifa mensual en lugar de semanal, haz un trato con una persona que haga estos servicios a domicilio y que te cobre menos. Pero hazlo con inteligencia: no perjudiques tu imagen si dependes económicamente de ella, por ejemplo, si eres representante de ventas o el encargado de una recepción.

- **Productos de crédito.** Supongamos que estás endeudado hasta el cuello. Llegado este punto te voy a decir algo que sólo aconsejo en casos extremos como el tuyo: a veces es mejor tener flujo de caja. Trata de bajar o eliminar las cuotas de manejo de tus productos de crédito. Negocia una tasa de crédito más baja ya sea mediante una compra de cartera de tu tarjeta de crédito y refinanciando u obteniendo un crédito de libre inversión a una cuota mucho más reducida bajo el cual consolidar las deudas de tu tarjeta de crédito. (Más indicaciones en el capítulo 4).

Después de hacer el análisis anterior te darás cuenta de qué puedes prescindir y en dónde puedes ahorrar.

Los agujeros negros en los que se va tu dinero

Después de haber hecho el análisis anterior, ya debes tener una buena idea de los gastos innecesarios en los que se está yendo tu dinero. Si aún te hace falta para ahorrar o no puedes

- AHORRAR ES LO PRIMERO, NO LO ÚLTIMO. (PÁGATE TÚ PRIMERO).
- CUANDO RECIBAS TU SALARIO, TOMA DE 5 A 10% DE ÉL Y DESTÍNALO INMEDIATAMENTE A TU FONDO DE AHORRO.
- A CONTINUACIÓN, REVISA TODOS TUS GASTOS (SÍ, TENDRÁS QUE HACER UN PRESUPUESTO, PERO ESTO TE AYUDARÁ A CUMPLIR CON LIBERTAD TUS OBJETIVOS FINANCIEROS), Y CLASIFICA LOS QUE SON REDUCIBLES.

identificar bien en dónde está la gotera de tu cuenta bancaria, toma los estados de todas sus tarjetas y productos, reúne la colección de recibos de este mes y revisa los siguientes aspectos:

- **Suscripciones de tu tarjeta de crédito, membresías o seguros** que se pagan automáticamente de tus tarjetas de crédito (las tarjetas de crédito son especialistas en cobrar seguros que aceptaste en la letra pequeña de la solicitud).
- **Suscripciones que van añadidas a los servicios públicos.** Hay servicios que tienen añadidas suscripciones y membresías a tarjetas de crédito. O por ejemplo los servicios de cable, que por lo general te cobran una suscripción mensual a una revista de programación que ni siquiera lees. Vale la pena hacer una llamada para cancelar estos cargos.
- **Gastos "hormiga".** Esos que de centavo en centavo te quitan una buena mordida de tu sueldo: cafés diarios, pan dulce diario, donas diarias (que estarían mejor en la alcancía).

- **Suscripciones que no sabes o no recuerdas que tienes y que se cobran directamente en tu tarjeta de crédito.** Por ejemplo, cobros de *hosting* y dominios que ya no tienes.
- **Membresías que sí recuerdas pero que no utilizas.** Llegó el momento de aceptar que no usas esa suscripción al gimnasio, que no has viajado con el tiempo compartido en años o que sólo usas Netflix para ver una serie que se estrena cada año.
- **Planes de teléfono que no utilizas en su totalidad o que nunca son suficientes.** Analiza y ajusta tu plan: hay decenas de empresas que van a querer pelearse por ti.
- **Las "ofertas".** Cuando compras algo que no tenías planeado comprar y que no "necesitas" sino que "quieres", porque hoy tenía 50% de descuento: a tu tarjeta de crédito le sale humo y tu cuenta de ahorros sufre. Aprovecha las ofertas para comprar cosas que sí necesitas o que de verdad están alineadas con la organización de prioridades que realizaste anteriormente. Que algo cueste 50% menos que ayer no quiere decir que debas comprarlo.
- **Gastos por asociación, gastos en automático o gastos porque sí (por miedo a que te llamen "codo").** No, no tienes que comprar un helado cada vez que pasas por la heladería que queda cerca de tu casa. No, no tienes que comprar la bebida más grande en el cine sólo porque el cajero te pregunta: ¿grande? (ni siquiera tienes que comprar nada si no tienes hambre). No, no tienes que hacerte el masaje en el cuero cabelludo siempre que te lavan

el cabello. No, no tienes que dejar tu auto en el *valet parking* si el estacionamiento queda al lado y, además, te da miedo que lo rayen. No, no tienes que participar en todas las rifas de tu oficina. No gastes en automático, plantéate la pregunta: ¿por qué estoy gastando esto? *No TIENES* que gastar.

- **Gastos por impulso o por "terapia".** No dejes que la depresión te lleve a la bancarrota. No dudo de que te merezcas esos lentes oscuros de 3 000 pesos, pero también te mereces una vida tranquila en la que estés cada día un paso más cerca de cumplir tus sueños financieros. Utiliza otras formas para sentirte mejor o, si ya lo ves muy grave, busca otro tipo de terapia: una que sí te ayude y que no te deje un hueco en la cuenta y un peso en la conciencia. Recuerda que la mayoría de las compras son impulsivas y emocionales, repítete esto y respira...

- **Gastos espejo.** Es decir, cuando compras algo que no necesitas, pero lo compras porque lo tiene tu vecino, tu compañero de trabajo o familiar.

- **Flojera y falta de planeación.** Sí, ese día que se te olvidó comprar el mandado y luego ya era muy tarde para ir, terminaste pidiendo pizza y te costó 350 pesos; lo peor es que a ti ni te gusta tanto la pizza y, además, estabas a dieta. Sí, ese día que te levantaste tarde y no alcanzabas a irte en bicicleta te tocó tomar taxi y además pagarle propina de 50 para que se fuera rápido; lo peor es que adoras irte en bicicleta. Sí, tú y tu familia dejan los focos encendidos siempre que salen de la casa, abren la regadera pero se meten a los cinco minutos, lavan la ropa cada vez que la necesitan, etc., y eso te está costando 400 pesos extra al mes: lo que son 4 800 pesos al año (lo que cuestan dos boletos al Caribe si los consigues en oferta); lo peor, quieres irte de vacaciones a la playa con tu pareja y nunca te alcanza. Esos pesos extra que necesitas para ahorrar e invertir se esconden detrás de la flojera y la falta de planificación en cantidades abundantes, y, a menudo, ni siquiera son cosas importantes para ti y no se alinean ni remotamente con tus prioridades.

¡Pero quiero vivir la vida! ¡Odio planificar! Piensa en lo mucho que odias sentirte angustiado por dinero. Elabora una lista de estos agujeros negros que se presentan en tu vida, ahórratelos todos este mes y haz cuentas de cuánto dinero tienes de más en el bolsillo.

Una decisión clave: empezar a ahorrar

Después, y éste es el paso más importante, amárrate el cinturón; en serio, haz lo que tengas que hacer, pero después de realizar todos estos recortes asegúrate de que el dinero se destine al ahorro. Es difícil motivarse, lo sé, cuando no se ven los dividendos sino solamente los sacrificios, pero piensa todos los días en los ceros que crecen al final de tu estado de cuenta bancaria, piensa en el placer y la satisfacción que produce la tranquilidad financiera.

Si al final de todos estos recortes hiciste la tarea bien y te queda mucho más dinero del que necesitas para ahorrar, disfrútalo, destínalo a eso que te gusta, puedes dormir tranquilo porque ya estás ahorrando para tus sueños, preparándote para el futuro, listo para solucionar emergencias, manteniendo tus necesidades básicas y sacando provecho de tus productos de crédito. En otras palabras, *manejando tus finanzas efectivamente.*

Ahora recuerda, ahorrar es lo primero, no lo último. Considera esto como un pago que te haces a ti mismo. El ahorro e inversión no son conceptos en los que tiras el dinero o se lo das a otro y no lo vuelves a ver (lo que sí es irte de compras inútiles o regalarlo en intereses a los bancos). Considera el ahorro como priorizarte a ti sobre los demás.

Así puedes distribuir el dinero y aún te alcanza para lo que te gusta; son maneras en las que vas a incrementar tu satisfacción de acuerdo con tus prioridades.

Tal vez no te interesan ciertas cosas, lo que ahora te permite es hacer lo que verdaderamente te importa. Tal vez no te importa si vives en un sitio glamoroso, pero sí tener zapatos y carteras. Tal vez no te importa tanto la ropa, pero te gusta vivir en determinado punto de la ciudad. Tal vez tengas que irte en bicicleta al trabajo y cocinar en casa, pero ahora puedes salir todos los fines de semana. Tal vez no te importa visitar la central de abastos para comprar comida a un mejor precio, pero ahora puedes pasar tiempo con sus hijos, llevarlos al cine y divertirte los domingos.

Todo es cuestión de establecer prioridades, y luego gozar de la vida.

Motivarse para el ahorro

Si para ti es difícil motivarte para ahorrar y distribuir bien tu dinero, y consideras que la cuenta bancaria no aumenta de ceros lo suficientemente rápido como para mantenerte feliz, puedes seguir los siguientes métodos:

1. El método de los sobres, que consiste en dos pasos. El primero es definir las categorías del gasto. Adicionalmente se crean categorías para gastos extra (no mensuales), tales como vacaciones, Navidad, etc. A todo el dinero que quieras destinar al ahorro debes asignarle una categoría. El segundo paso es poner el dinero en los sobres. Compra una cantidad de sobres igual al número de categorías de gasto determinado en el punto anterior.

Una vez que recibas tu dinero o ingreso, distribuye la cantidad adecuada para cada categoría en el sobre que corresponda. El dinero que está en cada uno de los sobres debe ajustarse a las necesidades planteadas.

2. Haz que el dinero entre directamente de tu salario en tu fondo de ahorro (ve más información en el capítulo 5).

3. Ahorra según una alarma en tu celular. Cada vez que ésta suene mete dinero en la alcancía (que luego trasladarás al banco).

4. Dispón de un presupuesto diario de gastos y al final del día ahorra lo que te haya sobrado. Compite contra ti mismo para ver cuánto logras ahorrar día tras día.

5. Programa un ahorro en tu cuenta bancaria, por ejemplo, dile a tu banco que dos o tres veces al mes retire dinero de tu cuenta y lo deposite en un fondo de inversión.

6. Organiza un reto de ahorro con un amigo o con tu pareja. Comprométete a cumplir una promesa, si eso te ayuda.

Estrategias para ahorrar si no te queda dinero al final del mes

Si ya hiciste los pasos anteriores, priorizaste tus sueños y decisiones, pensaste con conciencia en dónde podrías recortar, refinanciaste tus deudas, diste vueltas en la almohada descubriendo los agujeros negros por donde se va tu dinero, y aun así no te quedó ni un peso para ahorrar, o quizá no estás dispuesto a negociar ningún aspecto de tu estilo de vida actual, tal vez sea hora de acudir al plan B: *pedirle a tu empleador que te ayude.*

Esto lo puedes lograr de dos formas. La primera es enviando dinero de tu salario directamente a una cuenta o fondo de ahorros (algo parecido a un fondo de pensiones voluntarias)

(más información sobre fondos en el capítulo 5). Este método es agresivo porque te está obligando a recortar de donde sea y a amarrarte las manos antes de gastar.

La segunda es pidiendo un aumento de sueldo o de beneficios: tal vez tu jefe acceda a extender tus beneficios en cuanto a ayuda para transporte o vales de supermercado o, incluso, a darte más trabajo a cambio de un incremento. Ten en cuenta que buscar y entrenar a un nuevo empleado es costoso para las empresas y que, si tú has hecho bien tu trabajo, es improbable que quieran dejarte ir. Claro, no vayas a pedir un aumento de salario sin tener razones preparadas anteriormente sobre por qué deberías recibirlo. La razón por la que necesitas un aumento no puede ser "porque no te alcanza el dinero al final del mes"; la razón necesita ser una en la que demuestres tu valor como empleado.

Ten a la mano resultados tangibles de los últimos meses en los que has beneficiado a la compañía en términos de dinero (cierre de negocios, mayores ventas, estrategias exitosas, ahorro en gasto, etcétera). Si no tienes ninguno de los datos anteriores, o crees que no puedes probar tangiblemente tu aporte, habla con tu jefe acerca de las maneras en las que podrías beneficiar más a la compañía para que eventualmente te den un aumento. Entiende la forma en la que funciona la empresa donde trabajas: por ejemplo, hay compañías que discuten los aumentos de presupuesto durante un solo mes al año, tú tienes que ser consciente de eso y asegurarte de que tu jefe sabe sobre tus objetivos y lo que has estado haciendo para lograrlos. No tengas miedo de hablar con tu jefe y de dejarle claras tus intenciones del aumento por medio de buenos resultados en el trabajo.

Habla con tus amigos o familiares y pídeles que te ayuden a ensayar tus argumentos sobre por qué deberías recibir un aumento, así puedes corregir fallas en tu argumento. También puedes realizar una investigación en la que le demuestres a tu jefe cuánto ganan otras personas en tu misma posición, en otras empresas (asumiendo que ganan más que tú, éste puede ser un buen argumento). Finalmente, cuando quieras discutir sobre un aumento con tu jefe, pídele una cita y habla del tema con profesionalismo y como el empleado modelo que eres; recuerda que no estás pidiendo un favor, sino negociando algo en lo que las dos partes se van a ver beneficiadas.

GENERAR OTROS INGRESOS QUE NO PROVENGAN DE TU TRABAJO FIJO

Hoy en día la comunidad *freelancer* va en aumento en todas las ciudades del mundo. Algunas personas descubren que les va tan bien como *freelancers* que renuncian a su trabajo y se dedican del todo a esta actividad. Los servicios que se pueden ofrecer comprenden contaduría, diseño gráfico, diseño

industrial, escritura, periodismo, artes, publicidad, *marketing*; la lista es infinita. Piensa en los *hobbies* y talentos que tienes, si eres fotógrafo, DJ, chef, organizador de eventos, impresor, niñero, paseador de perros. Vuelve éste tu negocio de las tardes o los fines de semana.

Otra opción es ofrecer clases personalizadas o tutoría de aquello que sabes: matemáticas, física, otro idioma, tenis y un largo etcétera. Si tienes un talento extraordinario para algún oficio, por ejemplo la carpintería o la joyería, puedes ofrecer tus productos en línea. Ofrece consultoría externa en tu área de experticia. Miles de consultores son contratados por empresas cada día.

¿Y el tiempo? Sí, tendrás que ocupar horas que antes tenías libres y optimizar la manera en la que haces las cosas, pero puedes conseguir un poco más de ingreso mientras pasa una de dos cosas: encuentras una manera de optimizar el tiempo o hallas la forma de obtener más ingresos de tu trabajo fijo. Eso sí, antes de hacer todo esto recuerda inscribirte en el SAT para poder facturar estos nuevos servicios con la actividad que llevas a cabo.

BUSCAR UN TRABAJO NUEVO

Este tema ya da para todo un libro nuevo. Sin embargo, si has probado las opciones anteriores y no han dado resultado, o si las perspectivas de crecer en tu trabajo son nulas, comienza a arreglar tu CV hasta que quede brillante y empieza a buscar un trabajo nuevo en el que puedas negociar el salario que necesitas. Si es el caso, asesórate acerca de cómo elaborar tu CV.

CREAR UN NEGOCIO QUE NO REQUIERA TU PRESENCIA

Por lo general consiste en vender cosas sin que se requiera de tu completa atención. Prueba a vender cosas en tu sitio de trabajo, ya sea que tú o tus amigos las produzcan. Joyas, golosinas, ropa, maquillaje y productos de catálogo suelen funcionar muy bien en las oficinas.

O si produces algo o tienes un buen descuento en determinados productos, prueba a dejarlos a la venta en consignación.

MEDIDAS EXTREMAS: VENDER LO QUE NO UTILIZAS O DE LO QUE PUEDE PRESCINDIR

Como un último recurso puedes organizar una venta de garaje; hoy, internet lo hace todo más fácil. Haz un inventario de las cosas que tienes en casa, a menudo salen cosas que no has usado en más de un año o repetidas y que están en perfecto estado. Muchas personas están interesadas en comprar artículos de segunda mano. Ten en cuenta tus objetivos de ahorro para que hacer estos esfuerzos te cueste menos.

AHORRAR, ¿PARA QUÉ?

Ahorrar con un objetivo

Como decía en el primer capítulo, establecer una visión para lograr tus sueños y objetivos es de vital importancia para motivarse a reunir dinero.

No es lo mismo privarte de cosas aquí y allá simplemente para meter 250 pesos en la cuenta cada semana y ver que el dinero no crece, o que crece tan lento que hace preguntarte: ¿para qué hago todo esto?

Esta pregunta sobreviene a menudo cuando estás al frente de una tienda viendo por quinta vez esos zapatos de 3 000 pesos que tanto te gustan, pero que, para ser francos, sólo te vas a poner una vez. Y la tarjeta de débito empieza a picar en tu bolsillo: "¡Aquí estoy!", y justo tienes 3 000 que llevas ahorrando durante tres meses. Entonces es cuando ahorrar con objetivos o ahorrar para un sueño se vuelve tan importante.

Porque cuando tu tarjeta de débito te empiece a quemar el bolsillo puedes recordar que estás ahorrando para el enganche de tu casa; para la universidad de tu hija que, aunque está en quinto de primaria, dice que quiere estudiar medicina o arquitectura; para ese viaje a París que te mueres de ganas por hacer desde que tenías 15 años; para invertir en ese negocio de pasteles que tienes tanto talento para hacer, o simplemente para retirarte a los 60 y vivir de la renta.

Tu mente funciona mejor cuando tienes un sueño al frente. Es ese sueño el que te va a hacer feliz cuando lleves tu comida al trabajo o cuando no vayas al cine este fin de semana (que al fin y al cabo no había nada bueno) y metas ese dinero en la cuenta. Tener un sueño hace que todas las decisiones de gasto en tu vida sean más fáciles de tomar.

No significa que vayas a vivir como un ermitaño de ahora en adelante, sino que ya no vas a salir con tus amigos cuatro veces esta semana, sino dos, que vas a comer tacos sólo una vez y no tres, que vas a levantarte temprano para poder ir en transporte público o en bicicleta al trabajo, y no en taxi. Pequeños cambios en tu vida pueden hacer que hagas grandes ahorros, y cuando veas los ceros creciendo en tu cuenta te vas a sentir cada día más motivado. Compartir estos sueños con tu familia puede hacer que todos entren en la misma frecuencia, y al tener un objetivo juntos logren completarlo más rápido.

Debajo del colchón ya no es suficiente

La mejor forma que puede haber para ahorrar es reunir el dinero en una cuenta independiente. Es cierto que puedes mantener toda la lana junta en tu cuenta normal y distribuirla mentalmente: "gastos varios", "servicios", "inscripción", pero esto requiere mucho más esfuerzo mental y es extremadamente susceptible a errores y gastos "inocentes". Por ejemplo, si tenías presupuestado 500 pesos para un regalo de cumpleaños para un amigo, ¿qué te impide exceder ese presupuesto si al fin y al cabo el dinero ya está allí?

Separa tu cuenta de ahorros y esconde la tarjeta de crédito entre un bloque de hielo en el congelador (éste es un consejo literal). Trata de desarrollar los mejores sentimientos hacia el hábito del ahorro, no permitas que ahorrar se convierta en una parte aburrida y sacrificada de tu vida, sino en la manera inteligente y divertida en la que vas a cumplir tu sueño más rápido de lo que imaginabas cuando sólo soñabas y no hacías nada.

Ve el ahorro como lo que es: un paso hacia el cumplimiento de tus sueños.

Ahorro no es sinónimo de sufrimiento

Cuantifica tus ahorros y no te prives de las pequeñas cosas que te hacen feliz, más bien recorta lo innecesario y lo que haces en automático. Recortar los pequeños gastos que en realidad te importan creará un sentimiento de sacrificio y fastidio hacia el ahorro y es lo que hará que desistas de tus objetivos en tres meses o menos. Para esto es útil el presupuesto y la identificación de los *agujeros negros* por donde se te va el dinero. Por otro lado, para de hacer las cosas que en realidad no te importan y ve cómo el dinero crece en tu cuenta bancaria.

Si amas tomar agua todo el día porque te hace sentir despierto y saludable, por el amor de Dios, no dejes de hacerlo porque son 450 pesos al mes: compra un buen termo, ¡uno que te encante!, gástate los 450 de este mes en él y luego no vuelvas a comprar agua en la tienda: llévala de tu casa o llena el termo en tu oficina. Por el contrario, si cada vez que comprabas el agua añadías alguna que otra cosita de la tienda, haz la cuenta de lo que te estás ahorrando al ya no ir y deposita ese dinero en tu cuenta de ahorro.

Si amas correr y requieres un par de tenis nuevos cada dos meses, ¡ni pienses en ahorrártelos!, además de que sería terrible para la salud de tus rodillas y te terminaría costando más a largo plazo, mejor elige otra forma de ahorro que lo compense: busca mejores precios en internet o aprovecha las promociones de 2 × 1. Por el contrario, si cada vez que vas a comprar los tenis terminas comprando blusa y pantalones nuevos, abstente (no tienes que comprarlos sólo porque el vendedor es muy bueno y porque combinan con tus tenis nuevos) y deposita ese dinero en tu cuenta de ahorros.

Si amas ir al cine con tus hijos o tu pareja y es el momento más feliz de la semana, elige ahorrar en otros ámbitos; adquiere una tarjeta de puntos de cliente frecuente, subscríbete a promociones, cambia el día por otro en el que sea más económico o decidan que ese día van a almorzar en casa. Por el contrario, si terminas comiendo palomitas, bebida y un helado cada fin de semana, sólo porque tus hijos también los quieren, cuando en realidad tú estás tratando de adelgazar, líbrate de la culpa y deposita ese dinero en tu cuenta de ahorros.

Es decir: *ahorrar no es sinónimo de vivir absteniéndose de las cosas que te gustan* y sí un método para dar muchos pasos más cerca de cumplir tus sueños. Además, cualquiera duerme más tranquilo cuando sabe que tiene una cuenta con recursos en el banco y no un cajón lleno de cuentas por pagar.

Ahora, a hacer cuentas

Lo más importante es empezar a ahorrar. Ahora que tienes un objetivo claro, ponle números a lo que quieres. Esto es necesario porque te dará una idea clara de la cantidad que debes ahorrar y de las estrategias que debes seguir para reunir determinado monto.

Siéntate y escribe exactamente cuánto necesitas: si es para el pago de una propiedad, investiga cuánto cuestan en las zonas que te interesan, haz cotizaciones de enganches y créditos bancarios. Calcula cuánto necesitas tener en el banco y los intereses que esto te generará. Haz una cuenta del tiempo que necesitas para llegar a esta cantidad y tenlo presente si es necesario, márcalo en el calendario.

Si es para pagar estudios universitarios, haz una investigación sobre costos de inscripción, colegiatura, materiales y otros implementos. Ten en cuenta todos los gastos extra y costos de vida, como ropa, comida, vida social y, si es necesario, vivienda. Habla con otras personas que hayan estudiado las mismas carreras para tener una idea general de lo que puede costar (los gastos universitarios a menudo no consisten solamente en los pagos de inscripción y colegiatura) y, finalmente, calcula la inflación y lo que va a costar el mismo plan años adelante.

Lo mismo si estás ahorrando para un viaje o un plan de retiro. Sé concienzudo al hacer las cuentas y define la cantidad que debes ahorrar con la mayor exactitud que puedas.

De planes de retiro hablaremos más adelante en el capítulo 6.

¿CÓMO ADMINISTRAR EL DINERO EN DIFERENTES CIRCUNSTANCIAS LABORALES?

Cuando no tienes un ingreso fijo

Si no tienes un ingreso fijo y hasta ahora no has podido relacionarte con la forma de hacer un presupuesto que presento aquí, no cierres el libro aún: tú también puedes ahorrar.

Hay formas de hacer un presupuesto y ahorrar. De hecho, hacerlo se vuelve de vital importancia para llevar unas finanzas sostenibles cuando no tienes un ingreso fijo, es decir, cuando trabajas por temporada, por contrato o por comisión o propinas, como consultor, eres *freelancer* o artista, o si estás empezando un negocio.

Al contrario de las personas que cuentan con un trabajo fijo, tú debes empezar por hacer una cuenta de tus gastos, no de tus ingresos, para saber cuánto vas a necesitar mensualmente, y luego tratar de mantener estos gastos lo más fijos posibles a lo largo del año. Empieza por tus necesidades básicas: comida, vivienda y mantenimiento de la vivienda, seguro de salud o gastos médicos y transporte.

Empieza por hacer una cuenta detallada de tus gastos durante unas semanas. Establece los costos más bajos en la escala de lo que te puedes permitir. No incluyas lujos ni gastos extra en esta categoría, por ejemplo, no incluyas comidas en restaurantes a no ser que sean vitales para tu trabajo. Sin embargo, sé sincero contigo mismo: no proyectes que vas a comer en casa todos los días si sabes que vas a sucumbir al restaurante de tacos una vez a la semana, y no hagas cuentas de que vas a ir a la central de abastos si vas a terminar en el supermercado más cercano.

Empieza por los básicos como víveres, renta, servicios públicos incluyendo internet y teléfono, seguro médico, escuelas y transporte si lo necesitas para trabajar. Suma todos estos montos y esto te dará como resultado la cantidad de ingreso mínimo que debes recibir al mes y con el que puedes empezar a presupuestar y luego a ahorrar. Ten en cuenta los impuestos que debes pagar. Todo lo que ganes además de esta cantidad debes utilizarlo para el ahorro, después para el fondo de emergencia y por último para gustos y lujos extra.

Cuando tienes un contrato indefinido

Si cuentas con un trabajo estable y un contrato de trabajo "a término indefinido", es hora de sacarle el mayor provecho posible. No por nada los empleados cuentan con innumerables beneficios económicos, y es por ello que el mundo bancario los ama; sí, los bancos son grandes fanáticos de las personas que reciben dinero fijo mes con mes: son personas confiables que de una forma u otra tienen garantizado que habrá dinero en sus cuentas para pagar las deudas.

Además, su estatus de empleado les garantiza que, inmediatamente, sus empleadores les estarán ayudando a ahorrar. Cada mes el empleador puede depositar dinero directamente en una cuenta de nómina, en la cual se tienen las ventajas de una cuenta de ahorros y, en muchos casos, la cuota de manejo será gratuita o con un precio especial. Por lo general los bancos cuentan con tasas de crédito preferenciales para empleados fijos.

A TRAVÉS DE LA CUENTA DE NÓMINA PUEDES DOMICILIAR TUS AHORROS E INVERSIONES A DIFERENTES CUENTAS:
1. AHORRO VOLUNTARIO PARA EL RETIRO
2. SEGUROS CON AHORRO (SEGURO DOTAL)
3. SEGUROS DE SALUD
4. CUENTAS DE AHORRO O CORRIENTES

EL FONDO DE EMERGENCIA

Quizá te puedas preguntar: ¿para qué ahorrar para un fondo de emergencia cuando todo está bien? Precisamente para esos momentos en los que nada está bien. Y la realidad es que nadie puede predecir cuándo van a llegar (si llegan). El gran detalle con el fondo de emergencia consiste en que, si no lo tienes, puedes dañar todo el trabajo que has hecho ahorrando juiciosamente, invirtiendo con inteligencia o disfrutando con alegría de los dividendos de ese buen comportamiento financiero.

El fondo de emergencia es el que te va a sostener en caso de una emergencia para que no tengas que echar mano de eso que con tanto esfuerzo has ahorrado o, aún peor, del crédito que todavía no has tomado. ¿No da verdadero enojo cuando el dinero se tiene que ir en un imprevisto y no en algo que disfrutes?

Si te cuesta trabajo imaginarte un imprevisto que te haga gastarte todos tus ahorros, dar un "tarjetazo" o salir corriendo a donde tu tía que te presta dinero de un día para otro, éstos pueden ser algunos casos: pérdida del trabajo, daños en tu vivienda, daños en tu auto, una enfermedad ya sea propia o de alguno de tus familiares cercanos, hospitalización, gastos médicos, gastos funerarios, etcétera. Sin ir tan lejos, un imprevisto es tan simple como que tu hijo regrese hoy a casa con el uniforme roto y requiera uno nuevo.

¿Cómo y cuánto ahorrar para un fondo de emergencia?

Un buen fondo de emergencia busca tener el equivalente de hasta 12 meses de gastos. Pueden ser seis o incluso tres meses, dependiendo de tus gastos vitales y de las personas que dependen de tu ingreso. Por ejemplo, si eres una persona con un ingreso altamente variable, que nunca sabes cuánto dinero vas a recibir, te conviene tener más de seis meses de ingresos ahorrados.

Lo más importante es que no toques este fondo a no ser que sea una verdadera emergencia, pues nadie está exento de que cambien sus circunstancias. El fondo de emergencia te ayuda a tener la mente clara para pensar en lo que se viene y en las estrategias económicas por implementar.

Este fondo debe estar ahorrado en una cuenta de fácil acceso de la que puedas disponer, precisamente, en caso de emergencia. No ahorres para tu fondo de emergencia en fondos de inversión, Cetes (Certificados de la Tesorería de la Federación) o inversiones que no te permitan disponer de tu dinero en el momento en que lo necesites. NO mezcles tus ahorros de fondo de emergencia con el resto de tu dinero en tu cuenta habitual: esto sólo hará que te confundas y termines gastando el dinero.

Al pensar en dónde tener ahorrado tu fondo de emergencia considera las cuentas de ahorros (tienen bajo rendimiento, pero el dinero está disponible siempre), fondos de inversión de disponibilidad frecuente y de bajo riesgo. Revisa todas tus opciones hasta que encuentres una que te dé un buen rendimiento *vs.* alta disponibilidad.

Eso sí, amárrate las manos, no utilices el fondo de emergencia para comprar esa cartera que querías y que por fin bajó de precio o el crucero que está al 50% de descuento: si estas compras van de acuerdo con las prioridades que ya definiste en el capítulo 1, haz un fondo aparte para estos fines.

RECUERDA:
EL AHORRO PARA EL FONDO DE EMERGENCIA FORMA PARTE DE TUS GASTOS FIJOS MENSUALES, NO ENTRA EN LA CATEGORÍA DE AHORRO NI INVERSIÓN.

¿Para qué NO es un fondo de emergencia?

No es para esos gastos que no presupuestaste pero que se terminan pagando cada año. Esos gastos pueden ser variables y puede que aparezcan en diferentes partes del año, pero definitivamente van a aparecer: regalos de Navidad que juraste que no ibas a comprar este año pero que terminas comprando, impuestos de vivienda y vehículo que te empeñas en ignorar hasta que llega la cuenta, mantenimientos programados, etc. Incluye estos gastos en tu presupuesto por un monto de 15% de tus gastos fijos y llámalos "gastos sorpresa", así, cada año tendrás una perspectiva más amplia de lo que debes incluir aquí.

¿Cuándo NO vale la pena ahorrar?

Existen situaciones y compras en las que no vale la pena ahorrar. ¿Qué tiene que ver esto con el fondo de emergencia? Pues que cuando haces compras de poca calidad por ahorrarte unos pesos, terminas echando mano de tu fondo de emergencia más pronto de lo que pensabas. En otras palabras: *lo barato sale caro.*

No compres productos o electrodomésticos de baja calidad porque vas a tener que reemplazarlos en poco tiempo y vas a gastar el doble del dinero. No compres repuestos de dudosa procedencia para tu auto porque vas a tener que cambiarlos una y otra vez, si es que esto no le produce un daño más severo al carro. Y sobre todo, no juegues con tu salud, siempre escoge la opción de prevenir y de atacar las dolencias cuando llegan, hazte los chequeos que debas hacerte y toma los medicamentos que te son recetados.

LA PARTE TRISTE:
INFLACIÓN, QUÉ ES Y CÓMO TE AFECTA

La inflación, palabras más palabras menos, significa que si ahorras debajo del colchón y hoy tienes 5 000 pesos, esos mismos valdrán menos en un año, es decir, que te alcanzarán para comprar menos de lo que pueden comprar hoy, y el dinero pierde poder adquisitivo. En resumidas cuentas, los precios suben y afectan las finanzas personales de todos. Recordemos 10 años atrás, ¿qué podías adquirir con 100 pesos y qué puedes adquirir hoy?

Ejemplo: una lata de Coca-Cola en 1999 costaba 5 pesos, en 2019 la lata cuesta 15. Si hubieras guardado 5 pesos debajo de tu colchón en 1999 y los sacas en 2019 no puedes comprar la misma Coca-Cola; es más, no puedes comprar casi nada.

La inflación es el incremento de valor de los bienes y servicios, y es ocasionada por el aumento del dinero en circulación de un país en relación con el monto de bienes y servicios disponibles.

Es muy importante que tengas esto en mente para que evites que el dinero que tienes ahorrado pierda valor. En México, por ejemplo, debes tener en cuenta el INPC o Índice Nacional de Precios al Consumidor.

¿Qué es el Índice Nacional de Precios al Consumidor o inflación?

El INPC mide la evolución del costo promedio de la canasta familiar —los gastos de los hogares— en relación con un periodo determinado.

La tasa real puede tener tres resultados:

Positivo: cuando el dinero crece más que la inflación y gana poder adquisitivo.

Cero: cuando el dinero crece igual que la inflación y mantiene el poder adquisitivo.

Negativo: cuando el dinero crece menos que la inflación y pierde poder adquisitivo.

Para simplificar: si el producto financiero en el que vas a ahorrar te da 10% de retorno efectivo anual y la inflación es de 4% anual, entonces la rentabilidad real de ese producto es de aproximadamente 6% (10% - 4% = 6%).

Es decir que si tienes 10 000 pesos durante un año debajo del colchón de tu casa, y la inflación fue de 4% anual, ese dinero perdió 400 pesos de valor adquisitivo.

Para calcular la tasa exacta de interés real puedes remitirte al cuadro 2.2:

$$TR = [[(1+i)/(1+j)]-1]100$$

TR = Tasa real
I = Tasa de interés
J = Tasa de inflación

Ejemplo positivo:

Si realizas un ahorro de 10 000 pesos al 10% anual y la inflación del año fue de 4%:

I = 10% =0.10

J = 4% =0.04

TR = [(1.10/1.04)-1]100] = 5.7%

Tu dinero ganó 5.7% de poder adquisitivo y tu capital a final de año sería 10 570 pesos.

Ejemplo negativo:

Si realizas un ahorro de 10 000 pesos al 4% anual y la inflación del año fue de 5%:

I = 4% = 0.04

J = 5% = 0.05

TR = [(1.04/1.05)-1]100] = -0.95%

Tu dinero perdió -0.95% de poder adquisitivo y tu capital a fin de año sería 9 905 pesos.

Cuadro 2.2. *Fórmula técnica para calcular la tasa de interés real*

Tasa nominal y tasa efectiva

A veces cuando vas al banco a abrir un Cete, cualquier otro producto bancario o a pedir un préstamo o una tarjeta de crédito, el asesor te habla de tasa nominal y de tasa efectiva y tú haces cara de que entiendes, pero no entiendes nada, y después estás sufriendo porque no sabes calcular los intereses y no tienes ni idea de cuál te sirve más. No pretendo subestimar tus conocimientos financieros, pero esto es un problema de muchos.

TASA NOMINAL

Este tipo de tasa se maneja anualmente, aunque genere intereses cada mes, por lo que no es muy confiable cuando necesitas calcular los intereses reales de un préstamo o producto de ahorro. Es decir, si tu producto maneja intereses más de una vez al año, calcular la tasa efectiva es lo más confiable. Para conocer los intereses generados en realidad necesitaremos cambiar esta tasa nominal a una efectiva.

Si invertimos 10 000 pesos a 12% anual, significa que tendríamos intereses a una tasa de 1% cada mes.

Se calcula así:

$$I = \frac{12\%}{12}, \text{ donde 12 es el número que se capitaliza al año } \frac{12}{12}$$

$$I = 1\% \text{ (cada mes)}$$

TASA EFECTIVA

Es una tasa mucho más precisa porque se puede calcular para un mes, un trimestre, un semestre, etc. En este caso, si la vamos a calcular para un producto de ahorro, salimos ganando, porque se supone que si la tasa de interés es efectiva, entonces los intereses que gana se reinvierten también.

Si inviertes 10 000 pesos a 1% de tasa efectiva mensual, durante dos meses, el primer mes ganas 100 pesos, pero el segundo mes ya generaste 201 pesos y ya ganaste 301 pesos en total; es decir, que la ganancia es exponencial, porque los intereses del segundo mes se calculan sobre tus 10 000 pesos más los 100 que ganaste, y así sucesivamente.

Eso quiere decir que calcular la tasa efectiva anual no es tan simple como multiplicar por 12 los intereses mensuales. Por lo que cuando sacas un préstamo te va a interesar cuestionarle al asesor hasta que éste te asegure que tu préstamo se calcula con una tasa nominal anual, y no una efectiva mensual; de otra forma vas a terminar pagando intereses sobre los intereses, y eso sólo nos interesa si somos nosotros los que le estamos prestando al banco.

Si tú inviertes 10 000 pesos a 12% ANUAL ganas lo siguiente:

Tasa efectiva mensual con interés compuesto:
(VF = $10 000 (1+0.01) * 12 = $11 260)

Por lo que el interés real terminaría siendo del 12.62%

Te lo explico a detalle:
Debes evaluar cuidadosamente cualquier préstamo o producto bancario y calcular los intereses utilizando la tasa efectiva.

EL MARAVILLOSO INTERÉS COMPUESTO

Entonces, para recordar, ¿qué es el interés? Muchas personas abordan el tema del "interés" como algo malo, y claro, quién no si sólo se ve afectado por éste. Para algunos la palabra *interés* siempre se ve desde la perspectiva del pago extra que tienen que hacer por un préstamo, pero ¿y qué si lo vieran desde el ángulo de la ganancia?

Cuando quieres hacer una compra a crédito, pues claro, te conviene el interés más bajo, pero si quieres ahorrar a largo

plazo, comprar un Cete o invertir, te conviene que te retornen el mayor interés posible. Entonces, en términos simples, el interés es el dinero extra que vas a ganar al final de un periodo de tiempo, por invertir tu dinero.

Hay dos tipos de interés en este caso: el simple y el compuesto. Para explicarlo, más adelante te voy a mostrar con números y en una gráfica lo que podrías ganar de acuerdo con tu inversión inicial.

Pero si a ti te gustan las cosas masticadas, también te las tengo: imagina que tienes 10 000 pesos. Vas al banco y los inviertes. Con el banco acuerdas una tasa de interés simple de 10% anual sobre esos 10 000 pesos. Entonces, al final del primer año de inversión has ganado 1 000 pesos. El segundo año de inversión vuelves a ganar 1 000 pesos, y así sucesivamente. Si dejas esos 10 000 pesos en el banco, al cabo de 20 años ya no tienes sólo 10 000 pesos, sino 30 000. Observa el cuadro 2.3.

Año	Capital total	Tasa de interés	Interés ganado por año	Interés total ganado	Monto total final de año
1	$ 10 000	10%	$ 1 000	$ 1 000	$ 11 000
5	$ 10 000	10%	$ 1 000	$ 5 000	$ 15 000
10	$ 10 000	10%	$ 1 000	$ 10 000	$ 20 000
15	$ 10 000	10%	$ 1 000	$ 15 000	$ 25 000
20	$ 10 000	10%	$ 1 000	$ 20 000	$ 30 000

Cuadro 2.3. *Tasa de interés simple*

Cuando haces una inversión con interés simple, los intereses siempre se van a calcular sobre tu inversión inicial, es decir, sobre los 10 000 pesos que invertiste al principio. Es por eso que que cada año puedes contar con esos 1 000 pesos de interés, y punto.

Entonces, si yo te digo que inviertas 10 000 pesos hoy y que en 20 años te devuelvo 30 000, pues es lógico que me digas que mejor los vas a invertir en tacos o que te los vas a gastar en dulces; sinceramente, este tipo de inversión pone a llorar a cualquiera, y es por lo que muchos se sienten descorazonados para invertir.

Pero hay una alternativa: vas al banco y preguntas por un tipo de inversión que te brinde interés *compuesto*. ¿Qué es el interés compuesto? Nada más y nada menos que "la fuerza más poderosa de la galaxia", según el mismo Albert Einstein.

Si no estás emocionado con semejante frase, te invito a que te convenzas examinando la gráfica 2.1, en la que explico cómo crecen los números de tu inversión como por arte de magia.

Y si aún no te gustan las gráficas, déjame que te lo explique como si fuera un cuento. Digamos que vas al banco y dices que quieres ahorrar 10 000 pesos este año, que quieres que te los pongan en una cuenta de interés compuesto y que no piensas retirar ese dinero en 20 años (sí, 20, pero antes de que te desilusiones, por favor sigue leyendo porque te prometo que te vas a emocionar al final). Digamos que logras acordar con el banco que te darán 10% de interés anual. Entonces empiezas con tu pequeño ahorro de 10 000 pesos que ingresan en esta cuenta y el interés compuesto empieza a obrar su magia: todo el interés ganado en el año se añade al dinero inicial que invertiste; es decir, que el segundo año el cálculo del interés no se hace sobre 10 000, sino sobre 11 000, porque ya ganaste 1 000 pesos en el primer año. A eso debes sumarle la inflación anual para que no se deprecien tus 10 000 pesos iniciales.

Digamos que así continúa durante los siguientes 20 años, y al final el banco te devuelve 67 275 pesos; el negocio ya no suena tan mal, ¿verdad? Piensa que por cada 10 000 pesos que inviertes hoy, te van a retornar 67 275 en 20 años. ¿Entonces qué pasa si cada año inviertes 10 000? Observa el cuadro 2.4.

Año	Capital total	Tasa de interés	Interés ganado por año	Interés total ganado	Monto total final de año
1	$ 10 000	10%	$ 1 000	$ 1 000	$ 11 000
5	$ 14 641	10%	$ 1 464	$ 6 105	$ 16 105
10	$ 23 579	10%	$ 2 358	$ 15 937	$ 25 937
15	$ 37 975	10%	$ 3 797	$ 31 772	$ 41 772
20	$ 61 159	10%	$ 6 116	$ 57 275	$ 67 275

Cuadro 2.4. *Tasa de interés compuesto*

En la gráfica 2.1 te muestro cómo el interés compuesto toma vuelo y supera con creces las ganancias del interés simple.

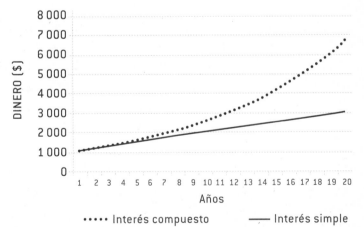

Gráfica 2.1. *Interés simple* vs. *interés compuesto*

Las ganancias del interés compuesto se disparan después de algunos años, por eso: empieza hoy, empieza ya, ¡empieza ahora! Cada minuto que no ahorras, estás perdiendo dinero para cumplir tus sueños a largo plazo.

Si aún no me crees, te voy a dar otro caso hipotético para que lo consultes con la almohada (si es que la emoción te deja dormir después de hacer las cuentas).

Y si te digo que inviertas 1 000 pesos mensuales durante 20 años y al final yo te entrego 1 283 725 pesos (sí, leíste bien, un millón doscientos ochenta y tres mil setecientos veinticinco), te vas de espaldas, ¿verdad?

Para lograr esto, digamos que no vas a invertir 100 000 pesos anuales, porque sería muy difícil de lograr. Entonces empieza con 1 000 al mes: eso lo logras ahorrando 50 pesos diarios durante 20 días. Supongamos que acuerdas con el banco un retorno a una tasa de interés del 1% mensual y le dices que dejarás el dinero ahí quieto por 20 años (al oír esto, ellos también se van de espaldas: los bancos adoran tener tu dinero guardado porque lo reinvierten a tasas mayores). Al final del año tienes 12 809. Al final del mes 24 (dos años) tienes 27 756. Así sucesivamente hasta que en 20 años tienes 1 283 725. Eso sí, cada año debes hacer el ajuste anual de la inflación a su aporte mensual.

Sí, así como lo lees, y si no me crees, analiza el cuadro 2.5. Revísalo una y mil veces, si quieres, el resultado no va a cambiar. Si hubieras ahorrado el dinero debajo del colchón sólo tendrías 240 000 pesos (1 000 × 240 meses) y no 1 283 725. Por eso es por lo que ahorrar solamente NO ES SUFICIENTE. Debes invertir.

Año	Mes	Capital total tasa de interés	Interés ganado por mes	Monto total final de mes	Aportes mensuales con inflación estimada de 4% anual	
1	1	$ 1 000	$ 10	$ 1 010	1	$ 1 000
1	2	$ 2 010	$ 20	$ 2 030		$ 1 000
1	3	$ 3 030	$ 30	$ 3 060		$ 1 000

1	4	$	4 060	$	41	$	4 101		$ 1 000
1	5	$	5 101	$	51	$	5 152		$ 1 000
1	6	$	6 152	$	62	$	6 214		$ 1 000
1	7	$	7 214	$	72	$	7 286		$ 1 000
1	8	$	8 286	$	83	$	8 369		$ 1 000
1	9	$	9 369	$	94	$	9 462		$ 1 000
1	10	$	10 462	$	105	$	10 567		$ 1 000
1	11	$	11 567	$	116	$	11 683		$ 1 000
1	12	$	12 683	$	127	$	12 809		$ 1 000
2	24	$	27 481	$	275	$	27 756	2	$ 1 040
3	36	$	44 683	$	447	$	45 130	3	$ 1 082
4	48	$	64 616	$	646	$	65 263	4	$ 1 125
5	60	$	87 648	$	876	$	88 525	5	$ 1 170
10	120	$	265 868	$	2 659	$	268 526	10	$ 1 423
15	180	$	612 742	$	6 127	$	618 869	15	$ 1 732
20	240	$ 1 271 015		$ 12 710		$ 1 283 725		20	$ 2 107

Cuadro 2.5. *Tasa de interés compuesto mensual*

Entonces, si 20 años te parecen mucho, piensa: ¿y si hubieras empezado a los 20 años? Para los 40 podrías retirar este dinero. ¿A quién no le sirve? Piensa en lo que podrías lograr con él: educación de los hijos, cuota inicial de una vivienda, inversión para la jubilación; por qué no: el carro deportivo que dijiste que tendrías a los 40.

Y ahora piensa: ¿y si inviertes el doble? Te apuesto que si revisas tu estado de cuenta de la tarjeta de crédito es posible que estés pagando más de 1 000 pesos mensuales en intereses y cuotas de manejo. Ese dinero se está perdiendo, porque ellos no te van a devolver 1 283 725 en 20 años, ni nunca.

¿Y por qué está esto aquí y no en el capítulo de inversión? Porque no puedo esperar tanto y dejarte sin esta información: cada minuto cuenta cuando de ahorrar se trata.

Ahorrar no es para nada aburrido cuando tenemos algo que esperar en el futuro.

72

La regla del 72

Existe una famosa regla, llamada la regla del 72, que demuestra el efecto del interés compuesto a lo largo del tiempo. Dicta que tu dinero se duplicará, aproximadamente, en un periodo determinado de años que resulta de dividir 72 entre la cifra del interés devengado. Así, con un interés de 2% se necesitan 72 entre 2, es decir, 36 años; con un interés de 4% se necesitan 18 años, con uno de 6% bastan 12 años... y así sucesivamente. Esto demuestra que el efecto del interés compuesto, con el tiempo suficiente, puede ser importante para acumular un buen ahorro de cara a la jubilación.

Al final, la distribución de tus ingresos debe verse más o menos así:

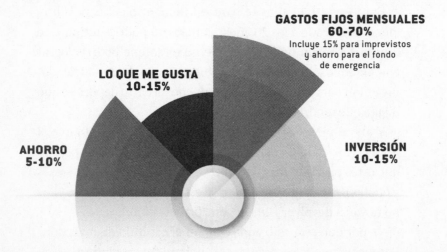

**GASTOS FIJOS MENSUALES
60-70%**
Incluye 15% para imprevistos
y ahorro para el fondo
de emergencia

**LO QUE ME GUSTA
10-15%**

**AHORRO
5-10%**

**INVERSIÓN
10-15%**

3

—— LO QUE CUESTA VIVIR ——

¿EN QUÉ SE ME VA LA LANA?

Una vez definidas las prioridades y cómo ahorrar, pareciera que está todo cubierto. En teoría, ahora ya sabes cómo organizar tus ingresos, planificar tus gastos y, por supuesto, cómo ahorrar. Hasta que llega el primer sueldo después de que has decidido empezar a caminar hacia la ansiada tranquilidad financiera... Es aquí donde encontramos fallas, en el presupuesto que hemos hecho con aparente detalle, porque en realidad algunos dejarán pasar gastos más y gastos menos. Todos, o la gran mayoría, amamos contabilizar lo que ganamos, pero somos poco realistas sobre lo que gastamos, y a menudo es esa falta de precisión la que echa a perder nuestros planes.

Si al hacer la cuenta encuentras que no sabes en qué te gastaste algo o buena parte de tu dinero, debes hacer una evaluación aún más detallada de tus actividades.

Entonces ¿cuánto cuesta realmente vivir?

Según la etapa de la vida en la que te encuentres, los gastos varían, pero algunos permanecen fijos. A menudo ignoramos gastos que son ineludibles pero que terminan por vaciar nuestras cuentas y hacer fracasar nuestros planes de ahorro si no pensamos en ellos. Sé muy realista, ten en cuenta tus comportamientos y estilo de vida pasados. No finjas que cortarás por lo sano con ciertos gastos que sabes que no podrás eliminar: inclúyelos dentro de tus cuentas y duerme tranquilo. Engañarte a ti mismo no te conducirá a nada.

ETAPAS DE LA VIDA

Asegurar la salud
Disfrutar de tu retiro
Disfrutar de tus nietos
75 AÑOS

50 AÑOS

PRÉSTAMO

Prever la educación
Asegurar a la familia
Consolidar bases para el retiro

INVERSIÓN

Comprar una vivienda
Viajar
Asegurar la salud
Emprender un negocio
Vivir en pareja

25 AÑOS

AHORRO BÁSICO

Estudiar una maestría
Viajar
Rentar un departamento
Comprar un auto

TRANSPORTE PÚBLICO

En la mayoría de las grandes ciudades los gastos diarios de transporte deben ser obligatoriamente considerados, ya que no se suele vivir cerca de las zonas de trabajo.

VEHÍCULO

Y hablando de transporte, valora las cargas económicas que un auto te representa. La gasolina, por ejemplo, tiene un precio fluctuante sobre el que tienes nula injerencia. Por otro lado, ten en cuenta los gastos de mantenimiento preventivo, las reparaciones, los impuestos anuales, los seguros obligatorios y los voluntarios y la verificación.

COMIDA

Éste es un tema que no requiere mucha explicación. Decide comer en casa o en restaurantes, sé realista respecto a tu estilo de vida y apetito, y calcula el costo de las compras que haces en el supermercado y en dónde las haces. Recuerda que hay zonas de la ciudad en las que los alimentos son más baratos que en otras y que más vale elegir alimentos saludables que una visita al médico.

PRODUCTOS BANCARIOS

Muchos de nosotros tenemos uno que otro crédito y al menos una cuenta bancaria; lo que es vital es manejarlos adecuadamente y ser consciente de los intereses y gastos que nos generan. Ten en cuenta todos los intereses que estás pagando y, aunque no quieras, haz cuentas de lo que habrás pagado al final. Al hacer tu presupuesto considera los gastos de manejo que tienen las cuentas, créditos y tarjetas de crédito, ya que por lo general pagas con ellos algunos seguros que pueden ser obligatorios o voluntarios, como el de desempleo o muerte. Hay productos bancarios que incluyen seguros de enfermedad sin que tú lo sepas. Haz el cálculo real de lo que te cuestan tus productos bancarios.

ENTRETENIMIENTO

De nuevo, no puedo hacer más énfasis en este punto: sé realista. Por más difícil que sea enfrentarte al estado de cuenta de tu tarjeta de crédito, analiza lo que gastas realmente en entretenimiento y haz ajustes de acuerdo con tus prioridades. Comer en restaurantes cuando puedes comer en casa, salidas al cine, a parques recreativos, aunque sea a comer un helado al centro comercial o comprar un libro, todo lo anterior aplica como entretenimiento.

El entretenimiento y la vida social son neurálgicos para el buen desarrollo de una persona y para tu sentido de satisfacción hacia la vida; en última instancia, es vital para mantener una buena salud mental, es por eso que los gobiernos invierten en parques y otro tipo de actividades recreativas de carácter GRATUITO.

De acuerdo con tus ingresos y prioridades, tus planes de entretenimiento pueden ir desde una salida mensual a volar un papalote en el parque hasta múltiples viajes de turismo y placer al año.

MANTENIMIENTO CORPORAL

¿Qué te sale más caro: cortarte el cabello y arreglarte las uñas y asistir bien presentado a una entrevista de trabajo, o perder la oportunidad por aparecer como un salvaje? Integra este tipo de gastos en tu presupuesto y calcula los beneficios que te traen de acuerdo con tu estilo de vida.

FORMACIÓN

Estudios y capacitación siempre son gastos que te traerán beneficios, y la verdad es que, sin ellos, en muchos países es prácticamente imposible que avances en tu carrera. Si sabes que eventualmente tendrás que capacitarte o pagar estudios de posgrado para ti o tus familiares, empieza a tenerlos en cuenta ahora mismo.

El cuadro 3.1 (en página 75) puede ayudarte a la hora de ajustar tu presupuesto de gastos y, por ende, saber con más precisión cuáles son las áreas en las que debes poner más o menos flujo de dinero y en las que debes o puedes ahorrar. Recuerda que no se trata de que seas esclavo del presupuesto, sino de que hagas un análisis profundo hoy para que puedas dividir efectivamente tus ingresos de ahora en adelante.

VIVIENDA

Ten en cuenta tanto el costo de vivienda como el del mantenimiento que requiere, ya sea que vivas en casa rentada, propia o familiar. No olvides los gastos de administración, servicios, reparaciones y depósito de daños, si lo tienes. Pregunta de antemano por todos los costos extra que tendrás que cubrir. Si vives en casa propia, ten en cuenta los costos de predial, reparaciones, administración y mantenimiento. Si tu vivienda es familiar, discute con tu familia los gastos que esperan que tú costees y las colaboraciones que debes hacer. Finalmente, considera que al tener una vivienda tendrás gastos de mobiliario y decoración.

En los costos de vivienda también debes incluir a las personas que contratas para su mantenimiento, como empleadas domésticas, jardineros, ayudantes, etcétera.

SALUD

Aunque doy por hecho que tienes conocimiento de esto, de tu sueldo mensual te descuentan un porcentaje que se va directamente al pago del IMSS de acuerdo con tu salario.

Adicionalmente, algunas personas pagan un seguro médico de gastos mayores de salud, que consiste en que tú pagas mensualmente y recibes atención médica con mejores beneficios que la que te darían en el IMSS para temas de salud complicados. Ten en cuenta también que estos seguros de gastos médicos mayores contemplan tu edad y tus "preexistencias", es decir, tu historial de salud, por lo que cuanto más joven seas cuando te afilies, menos te costará a futuro.

PENSIONES

A tu sueldo mensual también le descuentan un porcentaje de 6.5%; de ese 6.5% el empleador aporta 5.150%, tú como trabajador 1.125% y por último el gobierno federal 0.225%. Esto va para tu Afore, la cual se divide en cuatro subcuentas. Si eres trabajador independiente, depende únicamente de ti el retiro. Nadie más lo hará. Podrás hacer uso del dinero si perteneces al régimen del IMSS de la ley del 97, si tienes por lo menos 60 años y 1250 semanas cotizadas; si perteneces al régimen de la ley del 73 te pensionarás entre los 60 y los 65 años y necesitas por lo menos 500 semanas cotizadas.

RESPONSABILIDADES IRRENUNCIABLES

Me refiero a los hijos, padres y a cualquier otro ser que dependa completamente de ti. Tenlos en cuenta en tu presupuesto y recuerda que tienes que cubrir más que sus necesidades básicas. Considera entretenimiento, educación y libre desarrollo de la personalidad.

NEGOCIACIONES EN PAREJA

A menudo tú no eres el único que puede tomar decisiones sobre tu vida. La vida en pareja requiere de negociación y se compone, por lo general, de sueños y metas en conjunto. Es por esto que debes asegurarte de que tus prioridades económicas coinciden con las de tu pareja. Una vez que lo hagan, ajusta tu presupuesto de nuevo.

SEGUROS

Si no tienes seguro de vivienda propia, o de auto, adquiere uno ahora. Protege lo que te interesa y de paso el dinero que has gastado en ello. Aparte de estos seguros, debes adquirir obligatoriamente un seguro para tu auto para poder transitar por las calles y las carreteras federales y para algunos productos bancarios. Dependiendo de tu edad y condición, también es hora de empezar a pensar en un seguro de desempleo y en uno funerario para ti y los miembros de tu familia. Pocas cosas desordenan tanto las finanzas como lo hace la pérdida del trabajo o una muerte repentina.

GASTOS ESPORÁDICOS QUE SE PUEDEN PREDECIR

Mucho realismo y conciencia para esto: sabes que vas a terminar gastando en regalos de Navidad, guardería para el perro cuando te vayas de vacaciones en el verano, taxis, vacunas para el gato, vestido para la boda de tu colega del trabajo, regalos de cumpleaños, bautizos y otros eventos. Sí, vivir en sociedad tiene sus costos; todos los años es lo mismo y sin embrago insistes en no incluir estos gastos en tu presupuesto y sangrar el poco o nulo fondo para emergencias que tienes o, peor aún, utilizar tu tarjeta de crédito sin medida.

IMPUESTOS

Casi todas las compras que haces son susceptibles de impuestos. Por suerte, la mayoría los incluyen en el precio final, y esto te permite hacer cuentas más precisas. Sin embargo, ten en cuenta el impuesto a la vivienda (predial), y al vehículo, que son anuales, además del impuesto sobre la renta, que por lo general lo deducen directamente de tu salario, pero debes calcularlo cuando eres trabajador independiente.

Una vez que tengas realmente claros tus gastos, pon en práctica lo que aprendiste en el capítulo 2 y empieza a ahorrar.

Estoy ahorrando, pero aún no me alcanza para lo que quiero

Es hora de revisar tus comportamientos financieros. Si has estado generando ahorro o más riqueza, pero aún no logras tus objetivos financieros ni cubrir tus prioridades, es posible que no sepas manejar un flujo de dinero positivo y que hayas estado aumentando tus gastos, en lugar de reducirlos o enfocarlos.

Revisa si el tuyo se encuentra entre las siguientes categorías de comportamiento:

1. No tienes claro en qué te gastas todo tu dinero, y aunque hiciste el presupuesto sigues gastando todo lo que ganas. Tus pasivos (deudas) son superiores a tus activos (propiedades, dinero y dinero invertido).
2. Has logrado generar un mayor flujo de dinero, pero has incrementado también tus gastos, por lo que no te ha sido posible ahorrar.

Si después de tener en cuenta todos los aspectos anteriores tu estabilidad financiera todavía se ve lejana, es muy frágil o siempre terminas gastando más de lo que te gustaría, sin poder ahorrar, revisa si estás cumpliendo cada uno de los siguientes aspectos; unos son más difíciles que otros, pero se empieza por algo. Entre más cumplas, mejor. Selecciona en la siguiente *check list* las opciones que aplican en tu vida financiera para obtener la puntuación real de tu tranquilidad financiera hoy.

1	Ahorras todos los meses un porcentaje de tu ingreso, que se va a inversiones que mantienes por más de tres años.
2	Comparas precios antes de comprar y te decides por el mejor costo *vs*. calidad.
3	Ahorras mensualmente para gastos esporádicos pero predecibles.
4	Pagas todos los meses la totalidad de tus tarjetas de crédito.
5	Tienes seguro de desempleo.
6	Estás consciente de cuánto crece tu ahorro y tus inversiones.
7	Ahorras voluntariamente para tu retiro.
8	Sabes cuánto dinero tienes que ahorrar para mantenerte durante seis meses o un año.
9	Tus gastos son menores a tus ingresos.
10	Si tienes hipoteca, pagas un porcentaje menor a 20% de tus ingresos.
11	Tienes en cuenta el pago de tus impuestos y sabes los beneficios que te otorga la ley.
12	Tienes asegurados tus bienes mayores.
13	Has hecho el cálculo de cuánto va a ser tu pensión.

14	Tienes registro de todos tus documentos financieros importantes y tienes un plan para que se manejen cuando tú mueras.
15	Pides ayuda de una persona experta en finanzas cuando lo necesitas.
16	Has hecho un presupuesto de gastos a conciencia y has identificado sus áreas de mejora.
17	Tu mayor activo es uno diferente a la casa donde vives.
18	No tienes deudas de consumo.
19	Tus deudas son menos de 20% de tus activos.
20	De encontrarte desempleado, puedes vivir al menos seis meses con el mismo estilo de vida.

Cuadro 3.1. *Cómo está tu salud financiera*

PUNTUACIÓN DE TU SALUD FINANCIERA:

1 A 7	MALA
8 A 12	REGULAR
13 A 17	BUENA
18 A 20	EXCELENTE

Los puntos anteriores son indicadores de tu conciencia financiera y de la sanidad de tu cuenta bancaria. Trabaja para lograrlos todos y estar financieramente tranquilo.

Lo que te gusta a ti y no a otros

Aunque ya tengas planificado cuánto ahorrar y el monto de tu costo de vida fijo, sería muy bueno que te hicieras consciente de las cosas en las que estás gastando en el rubro de "lo que a mí me gusta", para que te asegures de que es realmente lo que a ti te "gusta". La satisfacción personal es vital a la hora de mantener un plan de gastos efectivo. No dudo de tus buenas intenciones cuando, en lugar de comprar el teléfono para el que estuviste ahorrando durante seis meses, gastas el dinero en unas vacaciones que tu pareja prefería, o en lugar de comprar un traje nuevo le compras unos tenis con luces a tu hijo, pero mantén una perspectiva amplia sobre tus objetivos personales.

Que no te pase (o que cada vez te pase menos) que al final del mes, aunque ahorraste e invertiste, no sabes en qué te gastaste el resto del dinero y tampoco pareces haberte divertido mucho. Hazte consciente de tus gastos y utilízalos a favor de tu felicidad.

Aprende a medir los rendimientos de tu dinero también en niveles de satisfacción personal y ajusta tus gastos hasta que te sientas plenamente satisfecho con la forma en la que manejas tu dinero.

No te dejes empujar hacia un modelo financiero en el que los demás dictaminen cómo gastar el dinero, toma tu satisfacción como un fuerte indicador de que has hecho las cosas bien. Seguramente ya sepas que estar metido en un nivel de deuda inmanejable, sin saber cómo cubrirás el mes siguiente, deja sin sueño a cualquiera.

Sobre todo, ten muy en cuenta tus prioridades y sueños, y verifica de vez en cuando si tus actos se encuentran alineados con lo que realmente quieres de la vida. Vivir tranquilo financieramente y llevar una vida feliz son dos cosas que

deberían venir de la mano, y cuando uno es libre
financieramente duerme mucho mejor y es
más feliz. Es un camino de largo plazo que
se logra a punta de pequeños pasos diarios.

Si logras reducir tus gastos mensuales en 2 000 pesos e invertirlos mensualmente a un tasa de 8% efectiva anual
(aumentando tus aportes anuales en 4%), podrías lograr algunos de tus objetivos de acuerdo con el cuadro 3.2:

Año	Monto total ($)
5	157 929
10	423 725
15	855 103
20	1 538 301

Cuadro 3.2. *Inversión de 2 000 pesos mensuales
con 8% de tasa efectiva anual*

EL DINERO EN PAREJA

Hacer las preguntas adecuadas

Cuando estás casado o viviendo en pareja, tus decisiones financieras ya se toman entre dos, lo que no es tarea fácil.

Es muy importante que indagues las concepciones que tiene
tu pareja respecto al dinero, fíjate en qué lo gasta y la manera
en la que lo gasta, pregúntale sobre el estado de sus deudas
y de su ahorro, indaga al respecto. Es una conversación muy
incómoda, lo sé, sobre todo si tus ingresos difieren considerablemente, pero lo bueno (y lo malo) de vivir en pareja es que
las decisiones que tomen los afectarán a los dos.

Así como al principio de este libro hiciste una lista de tus prioridades y de los sueños que te gustaría poder financiar a corto, mediano y largo plazos, debes hacer lo mismo ahora, pero con tu pareja. Establezcan los objetivos que tienen juntos, como los más comunes: vacaciones, compra de vivienda o de auto, estudios, hijos y ahorrar para la jubilación.

Puede ser que tu pareja tenga una concepción muy diferente de las cosas. Es importante hablar de este tema para lograr acuerdos. Lleguen a conclusiones respecto al estilo de vida que los dos quieren tener. Puede ser que tu pareja no pueda concebir la vida sin salir al antro todos los sábados, mientras que tú estarías feliz yendo a comer uno que otro domingo. O que tú estés pensando en un crucero de tres días por las Bahamas mientras que tu pareja ha estado buscando paquetes de un mes al Mediterráneo.

Es aquí cuando entran en acción las habilidades de negociación y llega la hora de ponerse serios. Lo más saludable es que revisen las finanzas de ambos, con sinceridad, y que luego establezcan un plan de ahorro para lograr sus objetivos comunes. Para esto es necesario que cada uno sepa del otro: ingresos, deudas y tasas de interés, ahorros, gastos mensuales, dinero que está esperando o que le deben, inversiones.

Nadie quiere mostrar sus cartas primero, por eso lo ideal es que seas tú el que empiece. Una vez que tengan clara su situación financiera conjunta, asumiendo que lo hicieron y que todo salió bien, podrán caminar juntos hacia todos sus objetivos.

¿Qué pasa cuando no se ponen de acuerdo?

También puede pasar, en el peor de los casos, que tú y tu pareja no se encuentren para nada en el mismo canal respecto al manejo del dinero.

Trata de entender el acercamiento y pensamiento del otro, sobre las ganancias y los gastos. Luego asegúrate de saber el estado de las finanzas para poder establecer un diagnóstico y un plan en el que sus objetivos como pareja se puedan ver realizados. Anima a tu pareja a aprender más sobre finanzas y manejo del dinero.

Si tú y tu pareja tienen ingresos diferentes (lo que es casi siempre el caso), establezcan formas de aportar en las que los dos se sientan satisfechos. Estas formas pueden ser 50-50 o por porcentajes, o si, por el contrario, alguno de los dos se encargará de los ingresos y las finanzas, establezcan un sistema en el que se reconozca lo que la otra persona aporta y, sobre todo, estén claros en las expectativas sobre el estilo de vida que esperan llevar.

¿Cuáles son los costos de una boda?

Si aún no te has casado, pero planeas hacerlo, entiende el tipo de gasto al que te estás enfrentando y, por favor, ten en cuenta la opinión de tu pareja. Tal vez tú estás pensando en una ceremonia íntima a las afueras de la ciudad con un máximo de 20 familiares y amigos, mientras que tu pareja está comprando el documental de la boda de los príncipes de Inglaterra.

O digamos que eres soltero, pero sabes que quieres caminar hacia el altar algún día y tienes bastante claras tus expectativas. Sea como sea, éste es el tipo de gasto que es ideal para la categoría de "ahorro programado" que debes empezar a hacer. Año con año las bodas mal financiadas dejan en bancarrota a muchas parejas; no es una buena manera de empezar la vida juntos.

Como siempre digo, lo principal es estar preparado y no engañarse. Indaga cuánto cuesta una boda promedio en México y para cuántos invitados.

Haz una lista de todo lo que requiere una boda del estilo que quieres y luego busca opciones para recortar gastos innecesarios. Lo que cuesta la fotografía, las invitaciones o los recuerdos es muy susceptible de reducirse si te diriges al lugar adecuado. Aparte, ten en cuenta que al igual que en el mercado de cosas para bebés, los comercios inflan sus precios cuando saben que las personas se encuentran en estados emocionales susceptibles como los que produce una próxima boda, ¿porque quién no quiere que su día sea el más especial?

En conclusión, debes saber dónde buscar. Dirígete a los productores y mayoristas y, como siempre, define tus prioridades y enfócate en ellas.

¿Cuánto cuesta tener un hijo?

Es la pregunta de muchas personas que entran en la edad adulta. La verdad es que los costos que conlleva la descendencia dependen en gran parte del estilo de vida que los padres quieran tener.

Antes, la decisión de tener hijos se tomaba y luego se sacaba la calculadora, pero hoy depende, en gran parte, precisamente de ese cálculo que para muchos permanece en el misterio.

El embarazo es la primera cosa que ha de tenerse en cuenta. Los costos de salud para la madre son a menudo la primera "inversión" que se hace, pues está demostrado que las madres que han acudido a controles prenatales tienen hijos más sanos y procesos posparto más fáciles. Los controles prenatales incluyen exámenes ecográficos, medicinas y otros procedimientos que se hacen de acuerdo con la condición de cada mamá. El IMSS, el ISSSTE y los seguros de salud cubren gastos de embarazo y parto. Indaga todo lo que cubre tu plan de salud, pues algunos cuentan con limitaciones en cuanto a medicamentos o número de controles. Infórmate en tu trabajo sobre todos los derechos que tienes por maternidad.

Aunque no quieras, no te dejes engañar por el dicho popular; los bebés, sorpresivamente, no vienen con una torta bajo el brazo, y es responsabilidad de los padres ser conscientes de los costos que deriva el cuidado de un niño.

Para hacer un presupuesto ten en cuenta los gastos médicos, el cuidado y ayuda extra, si decides o tuvieras que tomarla, la educación, vivienda (adecuaciones para la llegada del bebé), equipamiento (adecuación de todos los aspectos de tu vida para recibir al bebé), ropa, aditamentos y recreación. Sé consciente también de que los costos del equipamiento para bebé varían considerablemente y de que existen múltiples posibilidades para que te apegues a tu presupuesto.

Es necesario que te esfuerces para tener en cuenta todos los gastos que probablemente tendrás, como leche de fórmula, esterilizadores de biberones o medicamentos para reflujo. Trata de pensar en todos los escenarios y luego prepárate lo mejor posible.

LA DECISIÓN DE COMPRAR CASA

No, no es imposible

Es cierto que el trabajador actual promedio ve la adquisición de vivienda propia como una utopía del siglo pasado, pero adquirir vivienda propia sí es posible y tú lo lograrás eventualmente si cumples con tu plan de ahorro y te apegas a tus necesidades.

Los bancos y otras entidades financieras están ansiosos por extender créditos de vivienda, y puedes diferirlos a una buena cantidad de años con el enganche que puedas manejar.

Debido a que una entidad financiera puede financiar normalmente alrededor de 85% de tu vivienda, por lo máximo que tú deberás preocuparte es por conseguir alrededor del

15% restante según el caso, que lo puedes sacar de tus ahorros o del Infonavit. Claro, el banco hará un estudio de tus ingresos para ver hasta qué tope puede prestarte, y ahí es cuando tú empiezas a buscar viviendas y a negociar, más contigo mismo que con las constructoras.

Para compra de vivienda, lo normal es que destines no más de 30% de tu ingreso neto mensual. Sigue los pasos que enumero a continuación y decide qué tipo de casa necesitas *vs.* cuánto dinero tienes o estás dispuesto a gastar y a ahorrar mensualmente:

1. Indaga los precios de las viviendas en la zona que quieres comprar.
2. Establece la cantidad de años que quieres o puedes esperar antes de comprar la vivienda.
3. Haz un cálculo de lo que tendrás que pagar de enganche para comprar el tipo de vivienda que quieres. No te olvides de tener en cuenta la valorización y la inflación.
4. Calcula cuánto tienes que ahorrar mensualmente para pagar el enganche. Cuanto más pronto empieces, mejor.
5. Ahorra esa cantidad y ten en cuenta que, dependiendo del número de años que tengas para comprar tu vivienda, puedes sacar beneficios en forma de intereses y utilizar recursos como el Infonavit.

¿Debo comprar una vivienda?

Comprar una vivienda es para ti si:

- Tu ingreso mensual te lo permite, es decir, si las cuotas y costos agregados que vas a pagar por esa vivienda son de menos de 30% de tu ingreso.
- Si puedes pagar al menos 20% del enganche sin endeudarte.
- Puedes soportar los gastos de la cuota mensual MÁS los de mantenimiento, impuestos y seguro.
- Estimas que vivirás al menos 10 años en esa vivienda, lo suficiente para ganar por valorización, cubrir los costos de compra y venta que generan las constructoras o agentes inmobiliarios, cubrir los costos de mudanza y hacer valer lo que has gastado hasta la fecha en impuestos.
- Quieres construir un buen historial crediticio, tienes una vida y un trabajo estables y planeas mantenerte de esta forma.

Los gastos que genera una vivienda

¿Qué debes tener en cuenta antes de comprar? TODO. La compra de vivienda es probablemente el mayor gasto que harás en tu vida. Y es una decisión que tienes que hacer pensando a largo plazo y con la mayor cantidad de variables en mente.

No sólo se trata de conseguir un buen precio inicial, todo depende. Infórmate o pide ayuda a alguien que sepa sobre compra de propiedades en la zona o las condiciones en que tú la quieres. Ten en cuenta la valorización, el sitio en el que quieres comprar, el tráfico alrededor, la seguridad, las construcciones próximas, la presencia o ausencia de establecimientos que te convienen, el costo de los servicios públicos, los costos de la cuota de administración mensual y, por supuesto, los impuestos.

Que la cuota de administración mensual sea de 2 000 cuando te habías fijado un tope de 1 000, que son 1 000 pesos mensuales de más, o sea 12 000 pesos al año, que en 15 años (el plazo de tu crédito) serán alrededor de 300 000 pesos que podrías hoy invertir en una mejor casa; y eso sin tener en cuenta la inflación y los intereses.

No cometas el error de ponerte a "redondear". Cuando de comprar casa se trata, 100 pesos extra hoy se convierten en una bola de nieve mañana.

Indaga sobre los vecinos y el tipo de comunidad en la que vas a vivir.

Si vas a adquirir un crédito (como la mayoría tendremos que hacerlo), haz un test retrospectivo de meses atrás para comprobar realmente si eres capaz de pagar las cuotas mensuales sin morir de hambre o descuidar tus otros aspectos financieros.

Debes estar dispuesto a negociar contigo mismo; es probable que aún no puedas costear la casa de tus sueños, pero se empieza por algo y necesitas un techo sobre tu cabeza. Por otro lado, oblígate a recordar que la compra de vivienda implica, por lo general, un crédito a 15 años, así que decide si estás dispuesto a tomar este tipo de responsabilidad.

Si después de hacer cuentas decides que comprar vivienda sí es para ti, calcula cuotas que no representen más de 30% de tu ingreso mensual. Puede que hoy pienses que puedes sobrevivir con el dinero restante o que pronto recibirás un aumento o cambiarás de trabajo, pero es mejor esperar hasta que estas cosas realmente pasen que estar en problemas legales con el banco. Repite el mantra: *sé realista*. Tal vez hoy parezca buena idea comprar un departamento y prometerte que vas a ahorrar en el resto de tu estilo de vida, pero pregúntate cuántos años puedes sostener una vida de privaciones.

Por otro lado, hoy los inmuebles no se valorizan como lo hacían en años anteriores. Hoy podrían hasta desvalorizarse, dependiendo de las condiciones del sitio en el que vivas.

Haz las cuentas hoy y piensa en cada pequeño detalle, mira hacia el futuro, insiste en calcular todos los escenarios posibles.

¿Comprar o rentar?

Aunque nos han dicho lo contrario, en el mundo de hoy no estás obligado a comprar una vivienda: no, no es un paso obligado de la adultez. Hoy en día rentar puede resultar un mejor negocio. Como he dicho, todo depende.

Rentar es para ti si:

- Te mudas constantemente de país o ciudad.
- No tienes clara sobre tu situación familiar: hoy vives solo pero mañana quisieras tener familia, o, al contrario, vives con otras personas, pero mañana podrías vivir solo.
- No tienes clara tu estabilidad financiera. No estás seguro de poder pagar las cuotas mensuales o simplemente te encuentras en un trabajo inestable.
- Aún quieres tomar otros riesgos financieros.
- Vives en una ciudad donde la propiedad es muy cara o está en una burbuja económica.
- Si aún crees que puedes ahorrar más antes de comprar. Trata de dar la mayor cantidad de dinero que puedas en tu enganche.
- Quieres emplear el dinero extra que genera la compra de una vivienda en inversión. ¿Cuánto dinero extra? Suma los intereses, impuestos, seguro, mantenimiento y reparaciones anuales y calcula si te sale mejor comprar que rentar.

¿Por qué comprar una casa NO es la inversión de tus sueños?

"¡Comprar casa es una inversión!", dirá tu abuelita, pero la realidad es que hoy eso ya no es tan cierto.

Antes que nada, no estás recibiendo retornos en forma de dinero por ella. Sí, puede que se valorice, pero no estás interesado en venderla. Y si no se valoriza, puede que la inflación se esté llevando todo el retorno virtual que obtendrías por ella.

Segundo, la primera regla de la inversión es tener un portafolio diversificado, y esto no es así si pones todos los huevos en una sola canasta.

Y EL AUTO, ¿QUÉ?

No tires tu dinero

Tal vez estás cansado del transporte público o de rogarles a tus papás o a tus amigos que te presten el auto cada vez que lo necesitas. El caso es que ha llegado la tan esperada hora de adquirir un auto. Para muchos, la compra del primer vehículo es un momento importante que parte la vida en dos, pues es una de las primeras muestras de independencia de una persona. Aunque no siempre es el movimiento más inteligente para tu dinero. Sí, si no tomas la decisión correcta, puedes estar tirando tu dinero.

Primero que todo, quítate de la cabeza que la compra de un auto es una inversión: sólo lo es cuando lo utilizarás para trabajar (ojo, no para ir al trabajo) y el costo del vehículo se va a saldar con el fruto de este trabajo más un porcentaje extra que cubra la devaluación y que te dé alguna ganancia.

Segundo, éste es el momento que has estado buscando para ahorrar una gran cantidad de dinero. Sólo las grandes compras generan grandes cantidades de ahorro. Investiga. Haz tu tarea, compara precios *vs.* beneficios, pregunta en diferentes concesionarios: ¿quién te ofrece el seguro gratis?, ¿quién te ofrece la tasa de interés más baja?, ¿quién tiene la mejor promoción?

Establece las necesidades y expectativas que tienes de tu nuevo auto y decide en cuáles estás o no dispuesto a negociar. Tal vez no te importa demasiado el color de tu coche, pero necesitas que tenga cuatro puertas y una cajuela muy amplia.

Después, calcula cuánto dinero de tu ingreso mensual puedes destinar al pago del enganche y a cuántos meses quieres diferirlo, entonces te puedes hacer una buena idea del precio final que puedes pagar.

Negocia. Algunos vendedores te regalarán la película antirrobo (lo que es una buena idea tener) y el sensor de reversa, pero no lo harán si tú no comparas y regateas los precios. Nada más en esas dos cosas es posible que te ahorres hasta 15 000 pesos que no podrías ahorrarte en otro concesionario.

¿Cuándo cambiar de auto?

La posventa es algo que nunca debes descuidar. Por lo general, un coche debe mantenerse por el máximo tiempo que se pueda para que no pierdas dinero en el negocio. Esto, asumiendo que has hecho los mantenimientos correspondientes y tienes el carro en las mejores condiciones; implica tenerlo limpio, cuidar la pintura y el motor, cambiarle el aceite, etcétera.

A no ser que hayas comprado el auto de contado, lo más inteligente que puedes hacer es esperar a pagarlo por completo antes de venderlo, entonces todo el dinero se quedará contigo.

¿Cómo escojo mi auto?

Primero, haz cuentas de cuánto te costará realmente. Suma cuotas, intereses, impuestos, seguros, mantenimiento y un porcentaje para reparaciones, en caso de que sean necesarias. Si resulta que tus ingresos son suficientes, haz una lista de las necesidades que tienes. Por ejemplo, si tienes tres hijos y perro, tal vez una camioneta se ajusta a tus necesidades, pero si por el contrario sólo necesitas usar el auto tres veces a la semana para visitar clientes, tal vez te convenga un auto compacto con buen rendimiento de gasolina.

Luego, investiga qué autos se ajustan tanto a tus necesidades como a tus preferencias y presupuesto y dedícate a verlos hasta que encuentres uno que cumpla con tus expectativas. Es muy importante que te atengas a un tope y que busques autos por debajo de éste.

Recuerda siempre verificar el consumo de gasolina para que se ajuste a lo que tienes pensado y, si es un auto usado, hacerlo revisar por un experto que te pueda dar una idea realista sobre el estado en que se encuentra y sobre el mantenimiento que tendrás que hacerle.

Eso sí, primero lo primero, si es uno usado verifica que todos los documentos se encuentren en regla, o ve a lo seguro y acude a una agencia de vehículos seminuevos.

Los gastos escondidos

Ten en cuenta mantenimientos, seguros, costos de reparaciones y refacciones. No es lo mismo pagar 20 000 pesos en los primeros dos años por concepto de mantenimiento por comprar un auto que cuesta 10 000 pesos menos, que comprar otro que cuesta 20 000 pesos más, pero incluye los mantenimientos durante los primeros cuatro años. Utiliza esos

10 000 pesos que te estás ahorrando para guardarlos o invertirlos.

Es aquí cuando comprar el auto correcto entra en juego: elige uno de buena calidad.

1. Ten en cuenta el respaldo de la marca. Algunas marcas y modelos tienen mejor fama que otros y si no sabes nada de esto, asesórate: escoge un auto que tenga las menores probabilidades de dañarse. No estás para andar pagando reparaciones ni comprando repuestos.
2. Pruébalo. Súbete, manéjalo, aunque sea un poco, asegúrate de que te gusta el auto que vas a comprar, de que te sientes cómodo, de que el asiento del piloto se ajusta a tu estatura, etcétera.
3. Ten en cuenta el precio de posventa.
4. Indaga el precio del seguro, porque pueden variar de un vehículo a otro.

Ahora bien, digamos que estás en el concesionario y ya es hora de comprar.

1. Pregunta si tienen planes especiales o convenios: casi siempre hay uno que te conviene.
2. No compres el primer auto que veas en el primer concesionario al que entres. No, no te sientas mal por "hacerle perder tiempo al vendedor", su trabajo es atenderte. Visita diferentes sitios, prueba todos los autos que quieras. Vuelve otro día; deja enfriar la cabeza. Investiga los precios del auto que quieres en diferentes partes de la ciudad y, al final, cuando estés seguro de estar recibiendo todos los beneficios que puedes, compra.

CUANDO HAY QUE AYUDAR A LOS FAMILIARES

A veces te puedes encontrar en una situación en la que tienes que ayudar a un familiar, ya sea a tus padres que no tienen cómo mantenerse o a alguien en una situación financiera al borde del colapso.

El primer paso es convencer a estos familiares para que sean sinceros acerca de su realidad financiera. Para poder ayudarlos, debes saber la cantidad de deuda en la que se encuentran y los ingresos que tienen. Lamentablemente eres tú el que va a tener que tomar las decisiones radicales. Sigue los consejos de ahorro que expuse en el capítulo 2 y establece un patrón de gasto. Investiga si tu familiar tiene algún fondo de pensiones o beneficios del gobierno que pueda recibir, unifica sus deudas, busca mejores tasas de interés y reduce sus expectativas en cuanto a estilo de vida. Tal vez sea necesario que vendan propiedades y ajusten arreglos de vivienda para que haya campo para el ahorro y la inversión. Sí, hay que empezar así sea a los 60 años.

LOS IMPUESTOS

¿Qué son los impuestos? ¿Por qué debo pagarlos?

Los impuestos son el medio que el Estado tiene para recaudar dinero para mantenerse a sí mismo y a la estructura del país. Con los impuestos de las personas se pagan todas las inversiones en salud, infraestructura, seguridad; se brinda ayuda social para los necesitados y se financian los servicios que da el gobierno.

Se recaudan de forma directa cuando se les cobran a los ciudadanos contribuyentes y a las empresas, y de forma indirecta cuando toman un porcentaje de todo lo que compramos.

ENTRE LOS IMPUESTOS DIRECTOS PODEMOS ENCONTRAR:

- ISR (IMPUESTO SOBRE LA RENTA)
- PAGO DE TENENCIA VEHICULAR
- IMPUESTO PREDIAL
- IMPUESTO SOBRE ADQUISICIÓN DE INMUEBLES Y TRANSMISIÓN O TRASLADO DE DOMINIO

ENTRE LOS IMPUESTOS INDIRECTOS ESTÁN:

- EL IVA (IMPUESTO AL VALOR AGREGADO)
- LOS ARANCELES A IMPORTACIONES

Sin embargo, los artículos de primera necesidad para las familias, la llamada "canasta básica", no es susceptible de impuestos.

Los impuestos directos como el ISR funcionan en porcentajes según el grado de ingresos de una persona, mientras que los indirectos como el IVA son iguales para todo el mundo.

Pagar impuestos es obligatorio para todos los ciudadanos y evadir o esconder fuentes de riqueza conlleva graves consecuencias; las menos graves consisten en multas y las peores hasta en años de cárcel. Contribuir por medio de los impuestos es la manera en la que tú, como ciudadano, te aseguras de recibir beneficios como salud gratuita, educación para los niños (que aunque no los tengas, igual te concierne y contribuye a que la población se eduque), infraestructura vial y su mantenimiento, sistemas de transporte público, seguridad, sostenibilidad alimentaria por medio de la agricultura y un largo etcétera, que consiste en el funcionamiento de todas las instituciones que hacen que el país se mantenga para que puedas vivir tu vida tranquilo.

¿Cómo sé cuáles impuestos debo pagar?

Hay impuestos que has estado pagando, a veces sin darte cuenta, como el IVA o los que se recaudan por medio del pago de los servicios públicos.

El ISR se obtiene de la diferencia entre los ingresos y las deducciones autorizadas. Esta diferencia positiva son las ganancias generadas por las personas físicas y morales. Las deducciones para personas físicas son: colegiaturas, créditos hipotecarios, gastos funerarios, gastos médicos, seguros de gastos médicos y transporte escolar. A todos los ingresos se les pueden restar estas deducciones y sobre la cantidad resultante se deberá calcular el ISR. Si bien el pago de este impuesto es anual, se deben realizar pagos mensuales provisionales; aquellos que corresponden a los empleados, los realiza el empleador mensualmente a través de su salario.

EN QUÉ CASOS SE APLICA EL ISR:

- Salarios y honorarios.
- Arrendamiento de inmuebles.
- Contratos de servicio turístico de tiempo compartido; enajenación de acciones; arrendamiento financiero; regalías, asistencia técnica y publicidad; intereses; premios.
- Actividades artísticas, deportivas o espectáculos públicos; remanente distribuible de personas morales con fines no lucrativos.
- Dividendos, utilidades, remesas y ganancias distribuidas por personas morales.
- Venta de bienes inmuebles; construcción de obras, instalación, mantenimiento o montaje en bienes inmuebles, inspección o supervisión y otros ingresos.
- Ingresos por comercialización o fabricación.

QUIÉNES PAGAN ISR:

- Todo persona que sea residente en México.
- Residentes en el extranjero que perciban ingresos en México pagarán ISR sobre esos ingresos.
- Si durante un año ganas más dinero de lo que estipula el SAT, debes declarar ISR. Puedes consultar los topes establecidos en la página web del SAT. Para pagarlo debes presentar una declaración anual. Puedes hacerlo fácilmente siguiendo los tutoriales del SAT o contratando a un contador.

Respira tranquilo

Si ya hiciste las cuentas de lo que ganas y tienes la impresión de que igual te van a cobrar un dineral, recuerda que en México existe el ISR, que consiste en que tu empleador te ha ido descontando de tu sueldo, mes con mes, una cantidad específica destinada al pago de impuestos. Esta cantidad se resta de lo que tienes que pagar por concepto de impuestos de renta el año siguiente. Revisa tu recibo de nómina para saber cuánto has estado contribuyendo, y posiblemente al final del año fiscal obtengas alguna devolución de impuestos, ya que las personas físicas tenemos algunos gastos deducibles tales como: servicios de salud, intereses hipotecarios, gastos funerarios, pago de colegiaturas, servicios de transporte escolar, entre otros.

4

—— MIS MEJORES AMIGAS: —— LAS CUENTAS BANCARIAS Y LA TARJETA DE CRÉDITO

CUENTA DE AHORROS O CUENTA CORRIENTE

Muchos están confundidos respecto a sus productos financieros. Algunos no están seguros ni de lo que tienen; saben que tienen una cuenta donde les transfieren el sueldo, pero nada más. Por ejemplo, el otro día uno de mis familiares se quejaba de que había tenido que hacer una consignación y que no había sabido si era cuenta de ahorros o corriente. "Deberían quitar eso y poner un solo tipo de cuenta", dijo. Hasta este punto llega la confusión de los usuarios, que preferirían que existieran cuentas universales; claro, no saben las ventajas que una u otra les puede otorgar. No leyeron la letra pequeñita en la que les avisan de contras y beneficios. Igual, lo único que es importante saber es cuánto y cuándo les entra y cuándo se les acaba la lana, ¿verdad?

Pero siendo las cuentas el primer contacto que tu dinero tiene con el mundo financiero, debes esforzarte por tener las mejores y las que más te convengan. En este caso la antigüedad con el banco poco o nada debe importarte, sino los beneficios que te representan.

Los bancos hacen dinero con el dinero que tú tienes en las cuentas. Ellos también ganan cuando tú tienes ahorros, sólo que ganan mucho más. Digamos que tienes un Cete. Los Certificados de la Tesorería de la Federación son títulos de crédito al portador emitidos por el gobierno federal en mercado de dinero, con un plazo máximo de un año, para fines de control del circulante de dinero y financiamiento del gasto público en proyectos del Estado. Este Cete es a un año y con él te van a devolver 8% de interés. Durante ese año, el banco presta este dinero a otras personas a una tasa de, digamos, 15%. Por eso es tan importante que sepas también cómo sacar algo de ventaja de tu dinero.

Cuenta corriente o de débito

Sorpresivamente, sí hay diferencia entre cuenta corriente o débito y una cuenta de ahorros. Como su nombre lo dice, la cuenta corriente sirve para guardar allí el dinero y retirarlo de manera fácil cuando lo necesites. Por lo general tienen excelente accesibilidad y puedes sacar tu dinero por medio de cajeros, ventanilla, transferencias y transacciones *online*. Puedes utilizar tarjetas de débito o cheques. Hay que tener en cuenta que estas cuentas tienen anualidad y algunas cuotas de manejo.

Desde tu cuenta corriente puedes manejar todas las demás cuentas que tengas y pagar todas tus deudas por medio de transferencias y pagos *online*.

Por lo general, los bancos no te pagan intereses por el dinero que tienes en tu cuenta corriente, y ésta es la mayor diferencia que existe entre las cuentas corrientes y de ahorro.

Se supone que una cuenta corriente es la que utilizas día a día como una billetera: allí entra y sale dinero constantemente, y puedes acceder a ella fácilmente. Otra ventaja que tienen las cuentas corrientes es que en algunos bancos te permiten tener un cupo de crédito de sobregiro; este crédito no funciona como un préstamo normal a meses, sino como uno que tú debes pagar totalmente en determinado plazo, por lo general un mes, pero hay bancos que lo giran a 15 días. Los intereses de este tipo de préstamos son altísimos y se cobran por días, así que sólo debes utilizarlos en verdaderas emergencias.

Ahora, una cuenta corriente no es buena para ahorrar, para eso precisamente existen las cuentas de ahorro.

Cuenta de ahorros

Son las que debes utilizar para tener tu dinero de corto a mediano plazos (para ahorros a largo plazo existen los productos de inversión). Una cuenta de ahorros también te permite accesibilidad a tu dinero, pero te retorna un porcentaje de interés.

Algunos bancos son descarados y te van a pagar menos interés del que tú vas a perder por la inflación. Es decir que si la inflación del país está en 4% anual y tu banco sólo te retorna 3% anual, ahí tú no estás ganando, sino que estás perdiendo 1% de tu dinero. Si tu interés es ahorrar y tener *una rentabilidad*, deberás buscar entidades que te ofrezcan una tasa de al menos el porcentaje de la inflación esperada para ese año, para que el dinero mantenga su valor en el tiempo en línea con la inflación.

Adicionalmente el Instituto para la Protección al Ahorro Bancario (IPAB) protege las cuentas de los ahorradores en los bancos hasta por 400 000 UDI (las unidades de inversión son unidades de valor que establece el Banco de México para solventar las obligaciones de los créditos hipotecarios o de cualquier acto mercantil o financiero); esto es en el caso extremo de que la institución bancaria llegara a quebrar o a encontrarse en una situación financiera desfavorable donde los clientes del banco fueran los principales afectados.

Ahora, la gran diferencia entre una cuenta corriente y una de ahorro la haces tú mismo cuando te amarras las manos para no gastarte el dinero que tienes allí. Es decir, de nada sirve que tengas una cuenta de ahorros que te retorne unos intereses decentes si no tienes dinero ahorrado allí.

A eso se refiere la gente cuando dice "mi lana trabaja para mí", como habrás oído decir en innumerables libros de autoayuda/finanzas personales; que tú estás sentado en tu casa viendo televisión mientras que el dinero en tu cuenta de ahorros crece un porcentaje. Por eso sería un gran, gran error mantener tus ahorros en una cuenta corriente.

¿Cuál necesito?

Pueden ser las dos o una que integre las ventajas de cada una. Hay cuentas de ahorro que te podrán retornar un buen interés, pero de nada sirven si no vas a ser disciplinado y vas a tocar ese dinero.

Por eso es mejor que mantengas dos cuentas separadas: una en la que recibes y desde la que envías dinero y otra en la que ahorras para todos esos maravillosos sueños que discutimos en el capítulo 1.

Esto hará que tu cerebro piense solamente en el dinero que tienes en la cuenta corriente y que no considere sacar el dinero de la cuenta de ahorros. Es muy fácil caer en tentaciones cuando la cuenta desde donde pagas todas tus facturas es la misma que contiene tus ahorros desde hace años. No importa cuánto dinero tengas ahora, esos ahorros crecerán conforme envejezcas o te vuelvas más serio respecto a tus objetivos.

AHORROS	DÉBITO
Generan intereses sobre el dinero ahorrado. Los bancos manejan tasas de retorno que por lo general están por debajo de la inflación.	No retornan ningún interés.
Exigen un saldo mínimo para que tu dinero genere intereses.	Ahora es más común que exijan un saldo mínimo y un mínimo de movimientos para no generar interés o cobros por manejo de cuenta.
Puedes ligar tus cuentas de débito y crédito a tu cuenta de ahorro para hacer movimientos.	Recibes un plástico para hacer transacciones.
Pueden o no generar intereses o comisiones los movimientos realizados.	Dependiendo del banco, puedes pedir el servicio de sobregiro que te protege en caso de falta de capital para pagos.

Cuadro 4.1. *Cuenta de ahorros* vs. *cuenta corriente o de débito*

¿CÓMO ESCOGER LA MEJOR CUENTA?

Revisar los retornos de la cuenta de ahorros o abrir una cuenta

Investiga en todos los bancos de tu preferencia: por lo general tienen todas las condiciones y ventajas de sus cuentas publicadas en sus páginas web y en la Comisión Nacional para la Protección y Defensa de los Usuarios de Servicios Financieros (Condusef). La Condusef es una agencia del gobierno mexicano que funciona como defensora de los usuarios de cualquier tipo de servicios financieros en México. Recuerda escoger una tasa de retorno que sea buena y que esté por encima de la inflación de ser posible, para que tú termines ganando algo. Podrías tener diferentes cuentas de ahorro en las que puedas ahorrar para diferentes objetivos y jugar con los diferentes porcentajes de intereses.

Claro, tú podrías investigar todas las cuentas que puedas hasta que encuentres la apropiada. Por lo general, los bancos ofrecen cuentas corrientes simples, en las que no hay costos asociados, pero tampoco retornos; éstas son adecuadas para personas que están empezando en el mundo financiero y sólo necesitan un lugar donde recibir y del cual sacar su dinero; obviamente, tienen muy pocos beneficios.

También podrás encontrar cuentas que tienen cuota de manejo, pero te retornan algunos intereses. Otras cuentas exigen que mantengas un monto mínimo para no cobrar esta cuota. Algunos bancos te dirán que es imposible que te den una cuenta sin cuotas de manejo y sin monto mínimo, pero estas cuentas existen y son las que les dan generalmente a los estudiantes o a los nuevos trabajadores que nunca han tenido una cuenta, ¿dónde crees que les transfieren el sueldo?

¿Cómo optar por un banco si hay tantos?

Hay varios aspectos que puedes tener en cuenta a la hora de escoger un banco:

- **Conveniencia para los retiros del dinero:** que te den una tarjeta con chip, que se pueda utilizar internacionalmente (si viajas mucho), que puedas hacer transferencias regularmente y todo esto con nulas o mínimas cuotas de manejo o penalidades.
- **Claridad de la información:** lee toda la letra pequeña. Si piensas que tu banco tiene demasiados costos asociados que están tratando de ocultarte, si es imposible contactarse con ellos, si te cobran hasta por respirar cuando estás depositando tu dinero allí, si la página web no funciona bien, busca otro banco.
- **Los porcentajes de retorno son un GRAN diferenciador.** Tu banco debe ser competitivo y ofrecerte excelentes tasas de retorno.
- **Revisa bien las promociones que te ofrecen.** "Sin cuota de manejo en el primer año" no sirve si estás planeando ahorrar por años para la universidad de tu hijo. "10% de interés en el primer mes" no sirve para nada si el resto de meses vas a ganar menos que la inflación.

- **No renuncies a servicios que normalmente otros bancos dan "gratis".** Hay bancos que cobran por utilizar la tarjeta en el exterior o por entrar a la página web. Algunos bancos te dirán que igual no vas a pagar nunca esas cifras porque siempre vas a tener, por ejemplo, 5 000 pesos mínimo en tu cuenta. Pero tú quieres una cuenta a largo plazo, una que no te empiece a cobrar cuando retires el dinero de ese viaje que has estado planeando por años.

- **No tomes otros productos bancarios con la promesa de que si lo haces no te cobrarán.** Te dirán: "Si saca nuestro crédito rotativo y tarjeta de crédito no le cobraremos cuota de manejo en la cuenta corriente", pero ten en cuenta que sí te cobrarán por los otros productos que, en primer lugar, no necesitas.

¿Y las cooperativas?

Algunas cooperativas pueden ser muy beneficiosas. A veces ofrecen excelentes tasas de retorno y bajos intereses por préstamos y tarjetas de crédito. Si tienes acceso a ellas es buena idea que compares sus productos con los de los otros bancos que estés considerando.

En México las cooperativas que te pueden apoyar con este tema son las conocidas como Sociedades Cooperativas de Ahorro y Préstamo (Socap), dentro de las cuales algunas están reguladas por la Comisión Nacional Bancaria y de Valores (CNBV).

Cuotas de manejo y penalidades

Evita todas las formas de cuotas de manejo y penalidades. Los bancos van a tratar de obtener este dinero como sea. Si eres olvidadizo, perezoso o simplemente no tienes ni idea de lo que cobra el banco, prepárate para regalar mucho de tu dinero.

Los bancos viven del dinero que tú mantienes en productos de ahorro y en tus cuentas bancarias, ellos lo reinvierten y lo prestan a otros clientes, y como resultado ganan mucho más que el retorno que te están dando. También ganan por cuotas de manejo, penalidades y otros cargos no incluidos que les hacen a sus millones de clientes. Los dueños y los empleados del banco no se van a quedar sin comer si tú negocias correctamente el pago de sus cuotas de manejo y penalidades.

Entiende que sí existen las cuentas de ahorro y corrientes con cero cuotas de manejo y muy bajas o nulas penalidades. Puedes negociar esto con tu banco, sobre todo si ya has sido cliente durante años y has pagado a tiempo, o si tienes otros productos con ellos.

Ahora las penalidades: revisa todas las que aplican a tu cuenta. Por sobregiro, por retiro, por retiro en un cajero de otro banco, por retiros internacionales. Revisa todos los impuestos financieros que te apliquen y habla con tu banco, racionalmente, para retirarlos. Llama o ve directamente al banco y habla con un representante. Si has tenido esa cuenta por años o incluso por poco tiempo, pero siempre has pagado a tiempo, éstos dos serán tus mayores argumentos.

Otro argumento que puedes utilizar es decir que vas a dejar una cantidad de dinero allí, que vas a utilizar esa cuenta como una cuenta de ahorros y que hay otros bancos ofreciéndote cero cuotas de manejo. Recuerda que, uno, si quieres ganar algún retorno por tus ahorros, no deberías pagar cuotas de manejo y, dos, que el banco también se beneficia del dinero que tienes allí a largo plazo.

Por último, recuerda que los bancos se pelean por las cuentas de nómina, por los productos asociados que pueden ofrecerte (créditos, por ejemplo). Esto es razón suficiente para que no te cobren cuota de manejo. Ten en cuenta que puedes pedir que tu sueldo se deposite en el banco de tu preferencia y no en el que la empresa tiene "contratada la nómina".

No desestimes las cuotas de manejo y las penalidades por retiros y sobregiro, son hoyos negros por donde se va el dinero y pueden llegar a hacer un hueco en tu presupuesto anual.

REPLANTEANDO LA AMISTAD CON LAS TARJETAS DE CRÉDITO

Voy a poner algo en claro; algo tan importante que tal vez no debería aparecer tan lejos como en el capítulo 4: no importa si haces un presupuesto, organizas tu gasto, ganas más dinero o si ahorras 30% de tu ingreso: nada de eso sirve si no tienes *un buen crédito*.

Todos saben qué es una tarjeta de crédito, pero pocos saben cómo utilizarla para su beneficio. Para lograr estabilidad financiera y cumplir todos tus objetivos y sueños es bastante probable que vayas a requerir de la ayuda de un crédito.

¿Y qué papel tienen las tarjetas de crédito aquí? ¿Acaso no son máquinas de generar intereses que la gente debe pagar mes a mes? Sí. Y no. Resulta que cuando vas a al banco a pedir un préstamo, digamos, para un departamento, dicho banco revisa todas las centrales de riesgo junto con tu comportamiento crediticio, y si tú no tienes suficientes fuentes de crédito bien manejadas, es posible que no cuenten con suficiente información como para saber si eres digno de confianza o no. Entonces aférrate a esas tarjetas y adminístralas como las amigas que son cuando se sienten bien tratadas.

En México está el Buró de Crédito que mantiene los registros del comportamiento crediticio de todas las personas. Por lo general los bancos pueden consultar allí cosas como tu identificación, la cantidad de préstamos que tienes, las entidades a las que les has pedido prestado y si te has atrasado en tus pagos.

VENTAJAS DE LAS TARJETAS DE CRÉDITO
ADEMÁS DE SER FUENTES DE INFORMACIÓN QUE LOS BANCOS PUEDEN CONSULTAR, LAS TARJETAS TAMBIÉN TE AYUDAN A CONSTRUIR HISTORIAL DEPENDIENDO DEL TIEMPO QUE LAS HAYAS TENIDO, POR LO QUE SON UNA FORMA FÁCIL DE EMPEZAR A CONSTRUIR HISTORIAL CREDITICIO.

Siempre hay alguien en la familia que se niega a adquirir una tarjeta de crédito porque dice que son el diablo y que son engaños de los bancos para sacarle el dinero a la gente. Obvio, ese familiar siempre es el que lleva fajos de billetes en la cartera, el que nunca tiene cómo registrarse en un hotel y el que aún paga de más en las agencias de viaje porque no puede hacer compras por internet (las cuales, por cierto, también dice que son el diablo).

Si quieres ignorar esos conocimientos financieros antiguos y saber cómo las tarjetas de crédito pueden ser tus mejores amigas, bienvenido.

La tarjeta de crédito es la aproximación más fácil que una persona puede tener hacia el mundo crediticio:

- Te permiten tener dinero a la mano sin cargar con grandes sumas de efectivo y, si te roban, la mayoría cuenta con un seguro gracias al cual te devuelven tu dinero.

- Si las paga a tiempo y en su totalidad, puedes considerarlas casi como un adelanto de ingresos.
- Si haces las cuentas y estás dispuesto a pagar el extra de los intereses puedes utilizarlas para compra de objetos de larga duración que necesitas ahora mismo.
- La mayoría de las tarjetas de crédito ofrecen seguros de alquiler de auto y seguros de salud en viajes al exterior.
- Con ellas puedes obtener recompensas y puntos que pueden llegar a ahorrarte miles, según tu estilo de vida. Algunas ofrecen descuentos en restaurantes y productos, con otras acumulas millas de viajero, otras ofrecen puntos para hacer compras y algunas tienen servicios de concierge.
- Te sirven para registrarse en la mayoría de los hoteles. También en la mayoría de los hospitales si te encuentras en el exterior.
- Con ellas puedes acceder a beneficios como preventas y eventos especiales.
- Un pequeño detalle: las tarjetas de crédito te permiten hacer compras por internet con pago a plazos.

Cuando la tarjeta se vuelve mi enemiga

Hasta aquí todo suena muy bonito. Tienes tus tarjetas de crédito que te permiten comprar las cosas que necesitas sin tener que esperar para ahorrar. Genial. Digamos que has aceptado el alto costo de pagar interés y cuando llega la cuenta de cobro sólo tienes que pagar una pequeña fracción que puedes asumir fácilmente.

Si pagas 3 000 pesos al mes por un día de placer y 5 000 pesos en compras, ¡espléndido! Pagas la cuota mensual y, mágicamente, 50 000 pesos aparecen de nuevo en tu línea de crédito que ya tienes aprobada; ya tienes cómo comprar ese

Apple Watch que te faltó o esa blusa que va perfecto con tu nueva cartera. Y así sucesivamente.

En dos meses la cuota de tu tarjeta asciende a los 5 000 pesos, pero ¿por qué?, si tu línea de crédito sigue siendo de 50 000 pesos y tú, santa paloma, lo único que has hecho es gastar el crédito que se libera cada vez que pagas el monto mínimo: muy fácil, porque tu tarjeta de crédito te cobra intereses sobre los intereses que debes.

Aquí es cuando te das cuenta, con sorpresa, de que la tarjeta de crédito se está volviendo tu enemiga y de que las compras que hiciste te van a salir hasta un 50% más caras si no te disciplinas y pagas. Esto es cuando analizas tu estado de cuenta, pero la triste realidad es que muchas personas tienen tanto miedo de revisar el estado de cuenta de su tarjeta que sólo miran con rapidez el pago mínimo y siguen como si nada estuviera pasando.

Lo ideal, claro, es que pagaras tus tarjetas en su totalidad mes con mes. Si no lo haces, debes estar consciente de que tendrás que pagar hasta 50% de intereses anuales. México es uno de los países en donde más intereses pagamos de tarjetas de crédito, y las personas lo saben y las siguen utilizando y aceptándolas, cuando fácilmente podrían adquirir otro producto de crédito que les conviniera más.

Antes de llamar a tu familiar anticuado para proponerle que funden el club de odio hacia las tarjetas de crédito, revisa tu estado de cuenta y verifica de cuánto es la tasa de tu tarjeta. Pero, me dirán, ¿no es precisamente ésa la ventaja de una tarjeta?, ¿que puedes adquirir lo que quieres, cuando lo quieres y sólo tienes que preocuparte por cumplir con sus pagos mínimos? No, no tienes que pagar alrededor de 50% más, o a veces hasta el doble de lo que en realidad cuestan las cosas: puedes beneficiarte de las tarjetas y aun así obtener lo que quieres mediante otros productos de crédito (préstamos de libre inversión o préstamos a empleados que tienen una tasa de interés más baja) o mediante métodos de ahorro y de organización de tus finanzas, posponiendo la compra para ahorrar el valor y no pagarlo a crédito; por eso convierte tu tarjeta de crédito en tu amiga, como te mencioné anteriormente.

Otra cosa que lleva a cualquiera a desencantarse de su tarjeta es cuando se cumple el primer año de permanencia en el que te prometieron cero cuotas de manejo y de repente te das cuenta de que te están cobrando una anualidad que va desde los 500 hasta los 5 000 pesos, pero ¿cómo? Apuesto que al principio pensaste en que eso era un problema para tu yo del futuro y te dedicaste a gastar. Y ahora es muy tarde porque ya tienes más de la mitad o todo el crédito gastado.

Sencillo, vas y pides que te compren la cartera en otro banco que te dé menos tasa, te baje las cuotas y encima te ofrezca un crédito de 100 000 pesos. Error. ¡Gran error! Si no mantienes al menos una tarjeta de crédito y saltas de aquí para allá, eso te va a generar malos reportes en tus puntajes de crédito. Solución: dile a tu banco actual que su competencia te está ofreciendo una tarjeta con cero cuotas de manejo y a menor tasa de interés; es probable que los de tu actual banco no te quieran dejar ir, te quiten o reduzcan las cuotas de manejo y te ofrezcan igualar la tasa.

Entonces, aceptas la otra tarjeta de crédito de todas formas: el crédito extra no te viene mal, y al fin y al cabo sólo vas a utilizarlo para emergencias, ¿verdad? He conocido muy pocas personas en mi vida que han podido mantener una tarjeta de crédito sin utilizar, así es como muchos llegan a tener más de cinco tarjetas de crédito y todas gastadas hasta el tope.

El interés. En realidad, ¿cuánto estoy pagando de más?

Y si aún no me crees, no subestimes el poder que tienen los intereses. Hay múltiples calculadoras de intereses en internet (Condusef y principales bancos), haz la prueba con una de ellas y prueba distintos valores.

Si te compras el último iPhone por 30 000 y lo difieres a 12 meses, te va a salir en realidad a 36 080.04 pesos (con esos 6 080.04 pesos extra hubieras podido comprar también ropa nueva o, aunque te suene extraño, sí: ahorrar).

Calcula: al monto base mensual, es decir, el precio original del celular (20 000 pesos) dividido entre 12 meses, súmale la comisión por compra a meses (digamos, 2.96% mensual), más la anualidad (que sería un promedio de 100 pesos mensuales, aunque podría ser más). Esto quiere decir que tus cuotas serán exactamente de 2 362 pesos (1 666 pesos de la compra dividida en 12 más el interés de comisión promedio mensual de 596 pesos más los 100 pesos mensuales de anualidad). Al final del año habrás pagado entre intereses y cuota de anualidad más de 8 344 pesos, sin incluir el incremento de la inflación.

Supongamos que difieres a seis meses. Esto quiere decir que estarás pagando 3 576 pesos de comisión (la anualidad sería prácticamente la misma). Son 3 576 pesos que le sigues regalando al banco.

¡Ya ni hablemos de 24 meses! Terminarías pagando un excedente de 16 704 pesos entre comisiones y doble anualidad, sin contar la inflación.

Precio inicial	$30 000	$30 000	$30 000
Comisión por ventas a meses	2.96%	2.96%	2.96%
Meses diferidos de la venta	**12**	**24**	**36**
Pago mínimo mesual	$ 3 006	$ 1 763	$ 1 365
Pago anual	$30 786	$21 885	$ 17 111
Anualidad sin incluir seguros	$ 720	$ 1 440	$ 2 160
Pago total	$ 36 080	$43 771	$ 49 173

Cuadro 4.2. *Tabla de intereses para la compra de un producto con tarjeta de crédito*

De forma ilustrativa, en el cuadro 4.2 puedes ver la cantidad de dinero extra que pagas por adquirir un producto con tu tarjeta de crédito. Los cálculos dados son una aproximación a la cuota que te cobrará tu banco por la utilización de la tarjeta de crédito. Sin embargo, la suma puede cambiar en comparación con la que te cobra tu entidad financiera porque: *las tasas de los bancos son variables mes con mes y el saldo se puede alterar por el alza o baja de las tasas.*

¿CÓMO ESCOGER LA MEJOR TARJETA DE CRÉDITO PARA MIS NECESIDADES?

¿Cómo escoger una tarjeta que de verdad sea mi mejor amiga?

Entonces, tanto si acabas de convencerte de que la tarjeta de crédito sí puede ser tu amiga, como si ya tienes varias entre la cartera, considera los siguientes pasos y escoge la que mejor se adapte a tus necesidades.

Primero que todo: no aceptes la primera tarjeta que te ofrezca el banco. Apuesto a que las palabras "el banco tiene una tarjeta preaprobada para ti" se te hacen muy conocidas, pero amárrate las manos y espérate un poquito.

Compara diferentes tarjetas. Lo primero que debes tener en cuenta es la *tasa de interés* que te ofrecen. Pregunta en el banco donde tienes tu cuenta de nómina o cualquier otra cuenta. Ellos conocen tu historial y es posible que estén más dispuestos a ofrecerte una con bajo interés. Sin embargo, si sientes que se están aprovechando de ti, no temas decirles que acudirás a otro banco, eso casi siempre arregla las cosas. La diferencia en tasas de interés puede ser grande de un banco a otro. Algunas tarjetas ofrecen una tarifa de inicio que es muy baja; haz cuentas y ve si al final de este periodo aún te convienen.

Pregunta por las diferentes *cuotas de manejo*. Suma el costo total anual que te representarían y luego negocia hasta que sean lo más bajas posible. Estos costos no son únicamente la anualidad; suma las comisiones por uso de cajeros, por transferencias y transacciones, por disposición de efectivo, por impuestos, por sobregiro. Pregunta al asesor las ventajas que ofrece si ya tienes otras cuentas o productos con el banco.

Ten en cuenta *las recompensas, los servicios y los seguros*. Un par de boletos de avión, boletos con descuento al concierto que tanto querías ir o descuentos en el restaurante que más

te gusta no caen mal. Eso sin contar lo que te vas a ahorrar en seguros de alquiler de vehículo o en tarjetas de seguro de salud en el exterior; algunas tarjetas ya ofrecen seguro para los aparatos electrónicos o electrodomésticos y, por supuesto, contra fraude y robo. Analiza todas las ventajas y piensa cómo podrías sacarles el mejor provecho.

Las tasas de las tarjetas de crédito las puedes encontrar en la página web del Banco de México, ya que éstas tienden a cambiar constantemente.

Sobre el historial crediticio y el Buró de Crédito

Ahora voy a ahondar en el tema del historial crediticio y de su puntaje crediticio, pues muchas personas no tienen ni idea de que existe el puntaje de crédito o *score*.

En México el principal centro de información financiera es el Buró de Crédito, el cual ha creado diferentes puntajes que son referencia para el sector financiero utilizando modelos estadísticos. El Buró de Crédito es una central de riesgo en donde se mantienen los reportes de tu comportamiento crediticio, tanto si es bueno, como si es malo. Esta entidad mantiene durante algunos años los reportes negativos, es decir, cuando no pagas.

Cada vez que pides un crédito, el banco te busca en la base de datos del Buró de Crédito para ver cuál es tu historial y tu *score*. Para darte el crédito, el banco considera esta información más tus ingresos. Allí registran cualquier producto de crédito que hayas pedido en bancos, auxiliares de crédito y hasta en empresas de celulares; y también si debes impuestos.

Si tienes un *score* negativo, éste permanecerá hasta por seis años, dependiendo de la deuda.

En general, si tu puntaje está por debajo de los 550 es considerado de riesgo alto, si se encuentra entre 550 a 650 es considerado riesgo medio, si está entre los 650 a 700 es considerado como riesgo bajo, y si está por encima de los 700 se le considera como la mejor calificación para otorgarte créditos, tal como se detalla en el cuadro 4.3.

PUNTAJE	CALIFICACIÓN	DESCRIPCIÓN
300 a 550	Baja	Es una calificación realmente mala. No serás susceptible a préstamos en instituciones financieras. Lo más seguro es que actualmente tienes deudas o no hay información alguna sobre tu historial. Requieres ayuda de un profesional o empezar a forjar un historial.
550 a 650	Regular	Tu comportamiento es intermitente, probablemente con deudas, pero te haces responsable de ellas. Tendrás problemas solicitando créditos.
650 a 700	Buena	Tienes una calificación buena y eres constante, aunque no es perfecta. Tendrás problemas sólo con algunos créditos.
700 a 850	Excelente	Tu comportamiento es admirable y constante. No tendrás problema para solicitar préstamos. Te harán ofertas de créditos a las que no todos tienen acceso.

Cuadro 4.3. *Rango del puntaje impuesto por el Buró de Crédito*

Asimismo, el Buró tiene en cuenta toda la información que brindan las centrales de riesgo sobre tu historial de pagos. Por eso debes mantener un buen puntaje de crédito para que los bancos te consideren menos riesgoso y te sea más fácil acceder a préstamos.

Y no, aquí no aplica eso de que si eres joven, puedes tomar más riesgos. Es importante que empieces AHORA a construir un buen historial crediticio porque a medida que tu edad aumente vas a querer solicitar un préstamo, ya sea para comprar un auto, disfrutar de unas vacaciones por Europa o pagar estudios universitarios.

De acuerdo con tu historial crediticio, el Buró de Crédito te da un puntaje basado en:

- **Qué tan cumplido eres al pagar.** Si tiendes a atrasarte o ser moroso.
- **Cuánto de tu crédito has utilizado y cuánto tienes disponible aún.** Según tu salario, obligaciones y dinero que debes, los bancos te asignan un tope de dinero que te pueden prestar.
- **Por cuánto tiempo has tenido crédito.** No es lo mismo haber sido cliente de un banco durante nueve años, que durante sólo dos.
- **Entidades en las que has tenido crédito y cuántas veces.**
- **Si tienes diversidad en tus créditos.** Tres créditos distribuidos a lo largo de tu vida en estudio, vivienda y tal vez unas vacaciones pagadas con tarjeta de crédito, es mejor que sólo dos créditos de vivienda o siete tarjetas de crédito todas al tope de crédito.

¿Qué son los puntajes de crédito y cómo manejarlos?

Las entidades sacan un número que indica si eres más o menos susceptible de un préstamo y qué riesgo representas para la entidad bancaria. Para saber tu puntaje de crédito puedes consultar en la página web del Buró de Crédito.

Cada banco decide cuándo y cómo utilizar estos puntajes, sin embargo, puede que cada banco tenga su propia forma de

calificar a sus clientes. Si has manejado mal tus créditos, es bastante posible que te pongan trabas o que te ofrezcan créditos a tasas más altas la próxima vez que quieras sacar un crédito o una tarjeta.

¿Qué sucede si me atraso?

Averigua en tu banco, o en la empresa a la que le debes, cuántos días tienes para pagar antes de que te reporten en la central de riesgo (Buró de Crédito) y trata de pagar lo más rápido posible.

Si te atrasas en un crédito y no se soluciona a tiempo, esta deuda quedará reportada negativamente y será removida del mismo una vez hayan transcurrido de dos a seis años. Mientras más importante sea la deuda durará más en tu *score*.

En la mayoría de los casos te pueden negar nuevos créditos e incluso suscripciones a servicios como televisión de paga. También podrán negarte tarjetas de crédito, apertura de cuentas corrientes, financiación educativa y cualquier otra línea de financiación para vivienda, vehículo, estudio, viaje, etcétera.

Según el sitio oficial de Buró de Crédito:

- Los adeudos que sean menores a 25 UDI, se eliminarán después de un año.
- Los adeudos que sean menores a 500 UDI y mayores a 25 UDI se eliminarán después de dos años.

- Los adeudos que sean menores a 1 000 UDI y mayores a 500 UDI, se eliminarán después de cuatro años.
- Los adeudos que sean menores a 400 000 UDI y mayores a 1 000 UDI se eliminarán al cumplirse seis años.

Actualmente el valor real que representa una UDI lo tiene el Banco de México, por lo que es muy importante que estés al pendiente de este valor, que también es muy utilizado en diversos productos financieros. El Banco de México es el encargado de calcular su valor todos los meses del año.

ALGUNAS RECOMENDACIONES PARA MEJORAR EL PUNTAJE

- PAGA TUS PRÉSTAMOS O DEUDAS DE LAS TARJETAS DE CRÉDITO PUNTUALMENTE.
- UTILIZA TU TARJETA DE CRÉDITO DE MANERA RESPONSABLE, ES DECIR, SIN LLEGAR AL LÍMITE DEL CRÉDITO DISPONIBLE.
- CONSULTA TU HISTORIAL DE CRÉDITO DE MANERA REGULAR Y VERIFICA EL RIESGO DE TUS DATOS.

¿CÓMO ELIMINAR LAS DEUDAS DE MIS TARJETAS?

¿Cómo pagar mis tarjetas y ahorrar si no me alcanza?

Sí, será difícil, pero la solución tampoco está en no ahorrar, no invertir, quedarse sin flujo de caja o en no vivir. Hay que pagarlas de poquito en poquito. Ojo, no todas las deudas son malas, de lo contrario no podrías aspirar a una casa, a un auto y probablemente ni a unas vacaciones.

Ahora, para salir de deudas efectivamente tienes que entrar en un estado metal en el que no sea normal deber más de lo que tienes ni pasarles todo tu ingreso directamente a los bancos para pagar lo que te has gastado en salidas a comer, ropa, celular, viajes, etc., mientras que ese mes no tienes más de dónde sacar ni para un medicamento, y lo peor: que si te corrieran de tu trabajo mañana no tendrías cómo pagar los meses siguientes de tus compras diferidas a 24 meses.

Este estado mental está casi garantizado si llevas a cabo esa tarea que te da terror: sentarte junto con todos tus estados de cuenta de las tarjetas y sumar exactamente cuánto debes y por cuántos años. La verdad es que no te queda dinero para invertir, ahorrar o armar un fondo de emergencia cuando estás endeudado.

Con la ayuda de tu banco (sí, los mismos que te dieron la tarjeta de crédito en primer lugar) y con mucha disciplina de tu parte, vas a deshacerte de las deudas de tu tarjeta de crédito. Pega un letrero en tu cartera y léelo cada vez que quieras sacar tu tarjeta. El letrero debe decir "¡50% de intereses y dos años para pagar!". Date una vuelta por el centro comercial, cómete un helado y tal vez después de hacer estas cosas, o si eres capaz de irte a dormir y decidir al día siguiente, te vas a sentir mejor y libre de la culpa que te produce agrandar tu deuda crediticia. ¿Por qué regalarles lana a los bancos? ¿No podrías ahorrar la misma suma en la misma cantidad de tiempo (sí, podrías esperar un poco) y además que te sobre para comprar más cosas, invertir o ahorrar? Es cierto, quizá dirás: ¿dónde queda el costo de oportunidad?, es decir, si no lo compro ahora tal vez no lo encuentre después. Pero la verdad es que hay muy pocas cosas que ya no estarán allí para cuando hayas acumulado el dinero suficiente, y aplica para casi todos los aspectos de la vida.

Sé consciente de que cada día que pasa le debes más al banco. Utiliza los simuladores de crédito (Condusef y principales bancos) para saber cuánto terminarás pagando por eso que quieres comprar.

Errores comunes en el uso de la tarjeta de crédito

Por encima de todo, no cometas los siguientes errores:

- **No consideres que un aumento en tu línea de crédito es un aumento de tu ingreso.** No lo aceptes si sabes que te lo vas a gastar.
- **No difieras a cuotas; paga todo el mismo mes y no generes intereses.** Si vas a diferir a cuotas, al menos tómate el tiempo de revisar cuánto vas a terminar pagando por eso que vas a comprar.
- **No aceptes más tarjetas y mantén sólo dos.** Lo ideal es tener una tarjeta con un límite de crédito moderado de acuerdo con tus ingresos y necesidades, la cual es la que vas a utilizar en el día a día, y la segunda con un límite de crédito mayor, que la vas a tener bien guardada en tu casa sólo para casos de emergencia extremos tales como gastos médicos o temas legales. Corta las demás y cancélalas.
- **No aceptes un mayor crédito si sabes que no puedes contenerte de comprar.**
- **No pagues sólo el pago mínimo.** Destina todos los recursos que puedas para pagar tus tarjetas de crédito, sin afectar tus necesidades ni tu flujo de caja.
- **En México ya se están poniendo de moda los "meses sin intereses"** y puede que te veas atraído por los pagos pequeños mensuales, pero ten en cuenta que esos pequeños pagos se pueden acumular, y cuando te des cuenta tal vez no tengas ni cómo cubrirlos.

- **No saques dinero de tu tarjeta para pagar otras deudas.** Los intereses y cobros por avances en efectivo tienden a ser más grandes.
- **No seas impaciente.** Si puedes ahorrar o esperar durante algunos meses para poder comprar algo que quieres, hazlo. Ya vimos el poder de los intereses y es mejor que destines tu dinero sobrante para otras cosas.
- **No gastes más de lo que ganas.** Si ganas 20 000 pesos, no tiene ningún sentido que gastes lo mismo o más en tu tarjeta de crédito. Haz el presupuesto y planifica cuánto puedes gastar en realidad.

¿Cómo empiezo?

Piensa en las prioridades y sueños que estableciste en el capítulo 1, ¿no sería genial poder realizarlos sin deber hasta la camisa?

Reúne todos los estados de cuenta de tus tarjetas de crédito y examínalos. Sí, asusta, y no voy a añadir un "pero" después de esto porque no hay nada más que decir. Debes hacerlo.

1. Haz una lista de mayor a menor tasa de interés y de menor a mayor deuda total. Anota cuánto estás pagando por estas tarjetas mes con mes.
2. Define cuál tarjeta te cobra más y compara con las demás tarjetas del mercado.

Banco	Tarjetas de crédito	Interés mensual	Pago mensual

Algunos ejemplos:

Institución	Nombre de la tarjeta	Tasa de interés máxima anual	Anualidad [$]	Ingresos mínimos	Beneficios
Consubanco	Consutarjeta Inicial	95%	500	—	• Por cada $200 de compra se bonifica $10 en monedero electrónico.
Invex Banco	Volaris Clásica	88%	1 200	$ 5 000	• Seguro de accidentes en viajes. • Seguros sin costos.
Invex Banco	Invex Manchester United	88%	595	—	• Seguro de accidentes en viajes. • Seis meses sin intereses en el extranjero.
BBVA Bancomer	Tarjeta Vive Vida BBVA Bancomer	75%	580	$ 5 000	• Seguro de pérdida y demora de equipaje. • Seguros sin costos.
BBVA Bancomer	Tarjeta Congelada BBVA Bancomer	68.5%	270	$ 5 000	• Seguro de pérdida y demora de equipaje.
BanCoppel	Tarjeta de Crédito Bancoppel Visa	65%	NA	—	—
Banco Ahorro Famsa	Tarjeta de Crédito Pagos Congelados	65%	200	$ 1 000	• Seguro de accidentes en viajes. • Seguros sin costos.
Banco Ahorro Famsa	Tarjeta de Crédito Clásica	63%	350	$ 5 000	• Seguro de accidentes en viajes. • Seguros sin costos.

Institución	Nombre de la tarjeta	Tasa de interés máxima anual	Anualidad ($)	Ingresos mínimos	Beneficios
Consubanco	Consutarjeta Clásica Naranja	60%	500	—	• Por cada $200 de compra se bonifica $10 en monedero electrónico.
Banorte/IXE	Banorte Fácil	19%	120	$ 3 000	—
Soriana	Soriana Pagos Fáciles	65%	200	$ 3 000	• Seguro de accidentes en viajes. • Seguros sin costos.
Soriana	Privada Soriana	55%	300	$ 3 000	• Seguros sin costos. • Seguros de saldo deudor.
Banamex	BSmart U	47%	300	$ 1 500	• Seguro de accidentes en viajes. • Seguros de saldo deudor.
Banamex	Costco	47%	300	$ 5 000	• Seguro de accidentes y enfermedades. • Seguros sin costos.
HSBC	Tarjeta de Crédito Clásica HSBC	47.99%	560	$ 5 000	• Seguro de accidentes en viajes. • Seis meses sin intereses en el extranjero.
Invex Banco	BAM	32.4%	595	$ 5 000	• Seguro de accidentes en viajes. • Seguros sin costos.
Scotiabank	Scotia Travel Clásica	48.2%	600	$ 7 500	• Seguro de accidentes en viajes. • Seguros sin costos.

Fuente: Condusef. Información tomada de www.gob.mx.condusef

3. Habla con tu banco y diles que otro banco te comprará la cartera por menos interés y pregunta si ellos podrían igualar esa tasa. De hecho, debes hacer esto con todas tus tarjetas.

4. Según lo que logres con el banco, vuelve a definir cuál tarjeta tiene los mayores intereses. No utilices tus ahorros ni fondo de emergencia para pagar tu deuda de tarjeta: esto te podría dejar en bancarrota en caso de una contingencia.

5. Prioriza el pago de la deuda sobre tu gasto mensual. Es decir, apriétate el bolsillo durante un tiempo. Te aseguro que esto te liberará de deudas y, aún más importante, de culpas; y no será para siempre. Dedica todo el dinero que te sobre o que puedas a la categoría "lo que a mí me gusta", que revisamos en el capítulo 2, y destínalo al pago de la deuda de la primera tarjeta de crédito. Si te es muy difícil dejar de gastar en trivialidades, puedes probar un método radical: pídele a tu banco que reduzca el plazo de diferido de tu deuda, de 36 a 24 meses, incluso a 12, y pídeles que te cobren automáticamente de tu cuenta de ahorros mensualmente. Ahorra, sigue los consejos que te di en el capítulo 2 en el apartado "Los agujeros negros en los que se va tu dinero".

6. Paga lo máximo que puedas para esta tarjeta y el pago mínimo para las demás.

7. Cuando termines con el pago de esta tarjeta define si debes cancelarla o no (según antigüedad y puntos que te represente en tu puntaje de crédito).

8. Cuando hayas terminado de pagar esta tarjeta, mantén el nivel de pago que tenías para la primera tarjeta y destínalo a la próxima, así sucesivamente hasta que la última tarjeta sea pagada en su totalidad.

NO utilices de nuevo el crédito si no planeas pagarlo en el mismo mes. Si se te presentan otros gastos u oportunidades no acudas a las tarjetas: es preferible, si el gasto es inevitable, que utilices tu crédito libre inversión con el banco. Son créditos que ofrecen los bancos y entidades financieras, de acuerdo con tu comportamiento crediticio; muchas veces ya los tienes preaprobados o son muy fáciles de obtener. La ventaja de estos créditos es que normalmente *las tasas de interés son mucho más bajas* que las de tu tarjeta de crédito y tienen los mismos plazos. Si de verdad tienes muchas ganas de comprar algo: un viaje, un objeto muy importante, y no es considerado una emergencia, establece un plazo de ahorro o utiliza un producto de crédito que te represente menos intereses.

También puedes utilizar otra técnica en la que escoges la tarjeta con menos deuda y la pagas, con la finalidad de que te veas motivado al ver reducidas tus deudas. Lamentablemente muchos se animarán demasiado y dirán: "Ya no tengo tanta deuda, así que me puedo meter en más".

ANTES DE COMPRAR CON TU TARJETA DE CRÉDITO CALCULA EL VALOR DE LA COMPRA EN DÍAS DE TRABAJO, ESTO AYUDA A CONSIDERAR SI LA COMPRA VALE LA PENA O NO. POR EJEMPLO, TU SALARIO AL MES ES DE 20 000 PESOS Y QUIERES COMPRARTE UN CELULAR QUE CUESTA 12 000, Y EL COSTO EN DÍAS DE TRABAJO ES DE 18 DÍAS DE LOS 30 DÍAS DEL MES. APLICANDO ESTA TÉCNICA PODRÁS CONTROLAR EL USO DE TU TARJETA DE CRÉDITO.

5
─── INVERTIR: ───
LA ÚNICA MANERA DE HACER
CRECER TU DINERO

¿AHORRAR O INVERTIR?

A algunos les han dicho desde pequeños que hay que ahorrar, pero la realidad es que muchos otros han crecido viendo cómo sus familias pasan por duras situaciones por no saber cómo manejar el dinero. Tengo que decírtelo, ahorrar no es tarea fácil cuando no lo has convertido en un hábito. Las obligaciones del día a día son apabullantes para cualquiera y eso, sumado a la inflación y al aumento de precios en todo, puede hacer dudar hasta al más disciplinado.

Y si ya es difícil guardar ese dinero, disciplinadamente, mes con mes, ni hablemos de pensar en no gastar de un solo tirón la prima vacacional, el aguinaldo navideño, los bonos por desempeño o el dinero extra que te entra. Entonces ¿qué debo hacer con mi dinero? ¿Ahorrar o disfrutar? Pues resulta que no son antónimos. *Ahorrar para invertir es simplemente esperar un poquito más para gozar,* pues un buen ahorro y una buena inversión indudablemente te traerán dividendos. Eso no significa dejar la vida de lado, sino destinar a ambos fines: un poquito para ahorrar y el resto del dinero para disfrutar.

Ojo, dije "ahorrar para invertir"; de nada sirve ese dinero debajo del colchón, devaluándose y sin generar interés. Por eso lo mejor es que hagas un presupuesto en el que no cuentes con el dinero de ahorro, y así te acostumbres a dejar un poco cada mes, hasta que puedas hacer una inversión jugosa. Como ya lo dije, ya haces esto cada mes y no lo sientes: al ahorrar para tus sueños y pensión.

En resumen, ahorrar significa, para los efectos prácticos de este libro, apartar un porcentaje de tu ingreso mensual y guardarlo en una institución financiera donde produzca algún tipo de interés.

¿Qué es invertir?

Invertir significa que tú prestas tu dinero para que luego te lo devuelvan con un poco de ganancia o que compres un bien que te valoriza. Ésa es la explicación básica.

Por eso es lógico que si tienes una cuenta de ahorros con cierta cantidad de dinero o si tienes unos fajos bajo el colchón (tal vez después de este capítulo sobre inversión te animes a retirarlos de ahí y darles rendimiento) los saques y veas en qué los puedes invertir.

Sí, tal vez tu dinero ya está ganando un pequeño margen en la cuenta de ahorros, y sin ningún tipo de riesgo ni esfuerzo por tu parte, pero estoy seguro de que estos rendimientos no alcanzan ni a parecerse a los que obtendrías si decides invertir tu dinero en instrumentos de renta fija o renta variable.

- LA RENTA FIJA SON INVERSIONES EN DONDE DE ANTEMANO SE CONOCE CUÁLES SON LOS FLUJOS DE RENTA QUE GENERAN, COMO BONOS, LETRAS, PAGARÉS, ALQUILERES DE BIENES RAÍCES Y CETES (CERTIFICADOS DE LA TESORERÍA DE LA FEDERACIÓN).
- LA RENTA VARIABLE SON INVERSIONES EN DONDE NO SE CONOCEN LOS FLUJOS QUE GENERAN E INCLUSO PUEDEN SER NEGATIVOS, DEPENDIENDO DE LOS RESULTADOS DE LAS EMPRESAS, EL MERCADO Y LA ECONOMÍA, POR EJEMPLO, LAS ACCIONES Y LOS FONDOS DE INVERSIÓN.

Tú puedes invertir en productos financieros, acciones de la bolsa de valores, bonos, fondos, franquicias, bienes raíces, negocios propios o de terceros, bienes que se valorizan con el tiempo, etcétera.

Inflación	1 USD	1.52 USD 2.1%
Inversiones de alta liquidez	1 USD	1.52 USD 2.1%
Renta fija	1 USD	3.98 USD 7.2%
Acciones a compañías grandes	1 USD	4.39 USD 7.7%
Acciones a compañías pequeñas	1 USD	7.39 USD 10.5%

Ene./1997   Dic./2017

Fuente: Ibbotson Associates.

Gráfica 5.1. *Resultado de la inversión de 1 dólar en 1997*

La gráfica 5.1 ilustra cómo se invirtió 1 dólar en 1997 en diferentes productos en Estados Unidos. Luego muestra cuánto se obtuvo y qué rendimiento generaron 20 años después. Ésta es la mejor manera que tengo para mostrarte la diferencia que hay entre la renta variable (acciones), la renta fija (bonos), la liquidez y la inflación.

Las inversiones funcionan de diferentes maneras y tienen distintas reglas, pero al final todo se reduce a que tú con tu dinero impulses la producción de más dinero. Por ejemplo, si pones tu dinero en un pagaré, estás prestándolo para que el banco a su vez lo preste a otros durante un tiempo determinado, el banco gana intereses y te lo devuelve con un poquito de ellos. Si es en la bolsa de valores, tú compras una pequeña parte de una compañía (una acción), ellos utilizan este dinero en la empresa y con los rendimientos que tienen te devuelven el dinero y te dan un porcentaje adicional. Si compras un departamento para rentar, esperas recibir una renta mensual, y si el inmueble se valoriza puedes ganar un porcentaje cuando lo vendas.

Tal vez ya has estado invirtiendo sin saberlo: cuando les has prestado dinero a familiares y te lo han devuelto con un porcentaje extra de interés o cuando te entregan tu recibo de nómina mensual y te das cuenta de que la empresa te descuenta un porcentaje para pensión; por lo general este dinero se invierte para que tengas ganancias a futuro y esperanza de retirarte con tranquilidad.

Para escoger la inversión que más te acomode puedes buscar orientación en este capítulo, lo más importante es que empieces. ¿De qué servirían todas las cosas maravillosas que llevas haciendo desde el primer capítulo: definir tus sueños y prioridades, organizar tus gastos y ahorrar, si el dinero se te va a quedar en el banco o te lo vas a gastar todo de un solo jalón? No pierdas el tiempo, aprovéchalo para ganar.

¿Cómo saber cuál dinero ahorrar y cómo invertirlo?

Si vas a utilizar el dinero del ahorro en menos de tres años, por lo general no es suficiente para hacer crecer una inversión, por lo que debes simplemente ahorrar y conformarte con los dividendos normales de una cuenta de ahorro o un fondo de renta fija. Por otro lado, si tienes cinco años o más para invertir, por favor hazlo, y si tienes más de tres años de plazo para gastar el dinero, pero menos de cinco, combina ahorro e inversión.

Conceptos clave sobre inversión

Ten en cuenta que invertir es como un negocio que debe generar un retorno teniendo en cuenta los siguientes conceptos:

Riesgo. Es cuando tu dinero es susceptible de sufrir variaciones en el valor. Es decir, cuando inviertes 10 000 pesos pero puede ser que lo pierdas todo o que ganes el triple, y no hay garantías. De aquí la importancia del perfil de riesgo, que es el conjunto de rasgos de una persona que determina la forma en que suele tomar sus decisiones de inversión en función de la tolerancia al riesgo que tiene al momento de invertir, el cual te ayuda a conocer el nivel de riesgo que estás dispuesto

a asumir. Básicamente existen tres perfiles: conservador, moderado y agresivo. El conservador se inclina por inversiones seguras que le generen una renta fija, tales como instrumentos de deuda, depósitos a plazo, cuentas de ahorros. El moderado suele buscar la creación de un portafolio o cartera de inversión que combine inversiones de renta fija y renta variable. El agresivo se inclina por inversiones que le generen una rentabilidad variable, tales como acciones del mercado de capitales.

Liquidez. Es la capacidad de un activo de convertirse en dinero en el corto plazo sin necesidad de reducir el precio. Se refiere al tiempo en el que puedes disponer de tu dinero, es decir, cuánto tiempo vas a tener "amarrado" ese dinero y qué tienes que hacer si te quieres salir anticipadamente.

Rendimiento. Es el extra que vas a recibir por tu inversión. A mayor rendimiento, hay mayor riesgo.

Horizonte. Es el tiempo que la institución financiera te recomienda tener tu dinero invertido para obtener los dividendos que ésta calcula.

Maneja tu propia cuenta de inversión

En México existe un gran número de alternativas para invertir tu dinero. Aunque la mayoría de la gente en el pasado elegía invertir en propiedades, esto está quedando cada vez más rezagado.

Las entidades financieras, como bancos, sociedades de inversión, casas de bolsa y hasta aseguradoras, tienen la posibilidad de ofrecerte productos de inversión con el grado de riesgo que tú decidas. Como quien dice: si tú no sabes nada o si sabes un poquito sobre inversiones, ellos te pueden ayudar.

SOS, no me alcanza

Sí, sí te alcanza para invertir, por la misma razón de que puedes invertir desde 1 000 pesos. De hecho, cuando decides dejar dinero en tu cuenta de ahorros y éste te genera rendimientos, estás de alguna manera invirtiendo.

El asunto consiste en que primero debes encontrar el instrumento de inversión que quieres de acuerdo con tus necesidades y luego ahorrar hasta acumular el monto mínimo. Sí, hay inversiones desde muy poco dinero, pero probablemente no serán muy rentables si tienes en cuenta el costo de las comisiones, los seguros, la inflación y los impuestos. También revisa que la entidad donde estés invirtiendo esté regulada y que tenga prestigio en el mercado.

El caso es que empieces. Si tienes 1 000 pesos a la semana deposítalos en la cuenta y no los toques, así hasta que logres acumular una cantidad para invertir, tal vez en Cetes, y así sucesivamente hasta que puedas abrir una cuenta de inversión de valores en una entidad que las oferte. Hay entidades que, si no eres muy disciplinado y estás dispuesto a pagar la comisión, te ayudan a ahorrar, invertir y a destinar este dinero exactamente para lo que estás pensando en el tiempo que estás considerando. La mayoría de las empresas que manejan fondos de inversión, así como los bancos y sociedades de inversión, tienen todo tipo de productos que te ayudan a invertir.

Ningún dinero es poco. Piensa en cómo te parece cara una botella de agua de 35 pesos, pero cuando los vas a sacar del bolsillo para ahorrar te parecen muy poquito, entonces no los ahorras, sino que te los gastas literalmente en dulces. Piensa en cómo te parece caro ir a un restaurante y pagar 800 pesos, pero a la hora de ahorrar te parecen muy poco: "No son ni 1 000 pesos", piensas, y los malgastas pasándote del presupuesto que tenías para regalos de Navidad.

Ninguna cantidad de dinero es poca

¿Cómo crees que se hacen ricos los demás? Sí, a punta de aguas de 35 pesos y de cenas de 800 que a ti te parecen minucias a la hora de dejarlas guardaditas en la cuenta de ahorros. Si 10 000 pesos fueran poco los bancos no te los aceptarían para depositarlos en un fondo de inversión. Piensa en lo difícil que es conseguir un préstamo, cuánto papeleo tienes que llenar. Eso es porque cualquier dinero vale y a ti sí te alcanza.

Invertir es especialmente importante si estás en tu veintena. Ya sé que aquello de "invertir" suena como algo que hacen las personas adultas, hechas y derechas, pero esta percepción debería cambiar inmediatamente. Algunos dirán que no saben cómo funciona el mercado accionario y otros que no saben cómo escoger acciones. Muchos dicen esto sin siquiera informarse un poco y es en realidad una muy mala excusa. El factor tiempo es el principal aliado para crecer.

No todas las personas que invierten en la bolsa de valores están todo el día escogiendo acciones, gritando como en las películas, de hecho, creo que ninguna de ellas lo hace. Para eso existen los corredores de bolsa o brókers y los "portafolios", que son grupos de inversiones que están adaptados a tus necesidades y que, por lo general, están diseñados para rebalancearse solos; pero de eso hablaremos más adelante.

Las personas jóvenes tienen miedo de perder dinero, cuando ellas serían las primeras beneficiadas de una crisis, si la hubiera, pues podrían comprar a la baja y se podrían dar el lujo de esperar años para ver su dinero crecer para sus objetivos a largo plazo. Si eres joven y no puedes pensar en algo tan importante a largo plazo, te voy a dar una lista: un año sabático cuando lleves más de 10 o 15 años trabajando, la universidad de tus hijos, poderte dar el lujo de renunciar o tomarte una licencia maternal o paternal, una mudanza de país, en pocas palabras: libertad financiera en tus años adultos.

¿Por qué debo invertir?

¿Recuerdas cuando tenías 20 años y te parecía que faltaba un mileno para que llegaras a los 30? ¿O recuerdas cuando tenías 40 y te parecía que faltaban otros dos milenios para llegar a los 60? Pues en cuestión de inversión de dinero el tiempo sí te ayuda, y mucho. Todo el dinero que inviertas hoy estará dándote dividendos.

Es impresionante cómo a las personas les puede parecer increíble el dinero que acumulan en intereses de tarjetas de crédito, se sienten indignadas cuando ven que pagaron 6 000 por una chamarra que originalmente costaba 4 000, dinero que han pagado de cuota en cuota mensual, pero no entienden que lo mismo aplica si están ahorrando e invirtiendo: los intereses se multiplican durante años, y cuando menos te das cuenta ya tienes el dinero que habías proyectado.

Piensa en que cada peso que no inviertes hoy es un peso que no te va a estar generando intereses mañana. Esto te hará pensar dos veces antes de gastar el dinero en cosas que en realidad no te hacen feliz y que no te ayudan a cumplir tus sueños ni tus objetivos.

En las gráficas 5.2 a 5.4 comprobamos *la importancia del tiempo y la tasa de interés,* ya que entre más rápido empecemos a ahorrar e invertir en nuestros objetivos lograremos cumplirlos más rápidamente. Otro factor que vemos en los ejemplos son las tasas de interés: entre más alta la tasa de interés mejores serán nuestros rendimientos.

* **NO** se considera ningún incremento en las aportaciones debido a la inflación.

Gráfica 5.2. *Inversión mensual a una tasa de interés de 12%**

* **NO** se considera ningún incremento en las aportaciones debido a la inflación.

Gráfica 5.3. *Inversión mensual a una tasa de interés de 10%**

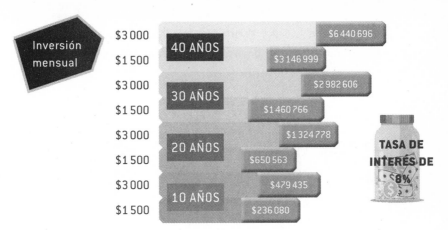

* NO se considera ningún incremento en las aportaciones debido a la inflación.

Gráfica 5.4. *Inversión mensual a una tasa de interés de 8%**

Otro ejemplo concreto lo podemos ver en estas cuatro personas que invirtieron para su retiro voluntario a los 65 años. Cada uno puso 2000 pesos mensuales a 10% efectivo anual y con incremento a la inflación de 4% anual:

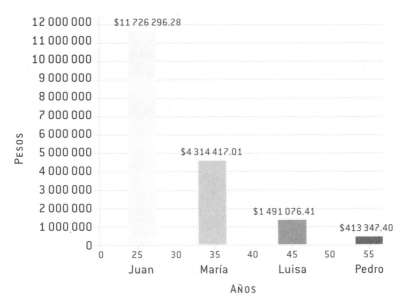

Gráfica 5.5. *Resultados de la inversión según la edad en que se empieza*

Para que María, Luisa y Pedro puedan llegar a acumular lo mismo que Juan deberán ahorrar mucho más por empezar a ahorrar muchos años después que él:

Nota: para este cálculo se tiene en cuenta la inflación de 4% anual en los aportes.

Es un fenómeno ampliamente estudiado que cuando las inversiones en ahorro empiezan a generar intereses, luego comienzan a crecer exponencialmente. Claro, esto se debe a la simple matemática del interés, pero también al aspecto psicológico en el que cuando tú veas que tu dinero crece, vas a querer ahorrar más y más y, por lo tanto, y si eliges tus productos bien, vas a ganar más.

Empieza hoy con 10 000 pesos y pronto podrás reunir los mínimos para los productos de inversión que tú quieras. Si no eres disciplinado y prefieres que te quiten el dinero y te lo guarden, prueba otros productos que te permitan invertir desde el monto que tienes.

Otra opción a tu disposición para ahorrar e invertir es destinar para ello cualquier ingreso extra a tu salario, como primas y bonos.

INVERSIONES POPULARES EN MÉXICO
- CETES
- AFORE, PENSIÓN Y RETIRO VOLUNTARIO
- FONDOS DE INVERSIÓN (RENTA FIJA, VARIABLE, INMOBILIARIOS, LOCALES, EXTRANJEROS, ETCÉTERA)
- RENTA O COMPRA Y VENTA DE INMUEBLES
- FRANQUICIAS
- MICROEMPRESAS
- ACCIONES Y BONOS EN BOLSA
- ORO Y OTROS METALES PRECIOSOS

¿CÓMO INVERTIR?

¿Cómo escoger un producto de inversión?

En México el tema de la bolsa de valores sigue siendo un secreto para muchos, y cuando alguien se atreve a hablar de ello los demás lo toman por fresa, fifí o multimillonario. La realidad es que todos deberíamos invertir nuestros ahorros: es la única manera de hacer que el dinero crezca. Como tenemos esta imagen errónea de las inversiones, hay muchos que creen que el día en que inviertan se van a volver millonarios y que les van a devolver el doble, pero esto tampoco es así. Como todo en el manejo legal de las finanzas, es cuestión de paciencia y de planear a futuro.

Primero define para qué quieres utilizar el dinero, cuánto riesgo quieres asumir y cuándo necesitas retirarlo. Si no tienes claro esto en el momento de invertir es muy riesgoso para ti realizar esta inversión.

Cada producto de inversión tiene un riesgo diferente. Es decir que hay inversiones que se consideran de alto riesgo pero que dan muy buenos dividendos (claro que, como su nombre lo dice, hay un alto riesgo de que pierdas dinero), de riesgo medio, y de riesgo bajo, que dan dividendos normales, pero relativamente seguros.

Es por eso que él *cuándo* es muy importante, pues si pierdes dinero en una inversión riesgosa lo mejor que puedes hacer es esperar a que se recupere. Si necesitas el dinero rápido y seguro es mejor que te metas en un riesgo bajo y que sepas exactamente cuánto vas a recibir al final.

Aspectos que deben indagarse antes de invertir

- Cuándo puedes retirar tu dinero, ya sea el monto completo o las ganancias.
- Qué penalidades aplican si decides sacarlo antes.
- Cuánto es el tiempo mínimo que este dinero debe estar invertido para que valga la pena.
- Cuánto vas a ganar por él. Si las ganancias van a ser variables, cuánto es lo mínimo y lo máximo que puedes esperar, y, si es ganancia fija, de cuánto va a ser.

Ten en cuenta que si necesitas el dinero a corto plazo, puedes esperar utilidades hasta de 6 y 8% en productos como Cetes y fondos de inversión de alta liquidez a un año.

Si puedes darte el lujo de tener el dinero más de un año invertido elige fondos que inviertan en el mercado de valores, que te puedan dar hasta 10% o más de interés y en los que puedes esperar para recuperarte en caso de baja de la bolsa.

Hay personas que no tienen muchas ganas ni mucho menos tiempo de entrar a profundidad en el tema de la inversión; si eres una de ellas, por suerte existen entidades que te pueden asesorar si tienes tus objetivos, ahorros y tiempos claros. Pero incluso te ayudan a definir tus necesidades y prioridades en materia de ahorro e inversión.

Comisiones, seguros e impuestos

Por supuesto, otro de los aspectos que debes tener en cuenta antes de invertir, para saber si vale la pena o no, son las comisiones, los seguros y los impuestos. Si tu rendimiento va a ser de 1000 pesos, pero la entidad o el banco te cobran 1500 de comisión de administración y además te van a cobrar impuestos, pues eso no es ningún negocio. Siempre lee la letra pequeña y pídele al asesor de la empresa en la que vas a invertir que te explique absolutamente todos los cargos extra que te harán cuando intentes retirar tu dinero.

La importancia de la diversificación

La diversificación se refiere a la distribución de los recursos por invertir entre los diferentes tipos de activos que existen, de forma que se destinan diferentes cantidades a instrumentos financieros de renta fija —aquellos en los que se conocen desde el principio los intereses o rentabilidad futuros—, de renta variable —no garantizan la recuperación del capital invertido ni la rentabilidad del activo—, a sectores industriales o al sector inmobiliario, entre otros.

La diversificación significa que al invertir tu dinero puedas destinarlo a diferentes tipos de instrumentos de inversión, lo

Figura 5.5. *Distribución de activos de acuerdo con la edad*

cual permite minimizar los riesgos y optimizar la rentabilidad. Recuerda: "No debes poner todos los huevos en una misma canasta".

PENSAR EN EL FUTURO: AFORES Y FONDOS DE AHORRO PARA EL RETIRO

Por suerte para ti, si has sido empleado, probablemente tienes una Afore. Las personas tienden a empezar a preocuparse por su retiro a finales de su treintena o después de tener hijos. Ahí dejan de pensar "pero y qué pasa si muero antes, debo gastar todo mi dinero y disfrutar mi vida, luego, de ser necesario, trabajaré duro y seré rico", y se dan cuenta de que sí es posible vivir más de 30 años, de que sus padres ya están grandes y necesitan cuidado y de que ellas lo van a necesitar también.

Sólo se requiere un poco de ahorro durante tu veintena para que el dinero crezca exponencialmente, y si ya tienes 30 o 40 y aún no tienes un fondo de pensiones, hazlo ahora mismo. El tiempo vale oro en estos casos.

Muchos jubilados tienen suerte de vivir de su pensión, y aunque hoy el sistema pensional ha cambiado, tú puedes tomar medidas para asegurar una vejez sin preocupaciones por el dinero.

Las personas libres financieramente lo son invariablemente a causa de sus inversiones. Nadie obtiene la *tranquilidad financiera* solamente ahorrando 10% de su sueldo y teniéndolo en el banco en su cuenta de ahorros. En un país como México, en donde el enriquecimiento ilícito ha sido una peste que nos ha azotado y nos ha impedido comprender el valor del tiempo en la libertad financiera, es importante que las personas empiecen a entender el concepto de *inversión* y sí, tener una cuenta de ahorros de pensiones es hacer precisamente eso.

Si piensas que sólo los "ricos" invierten en la bolsa, piénsalo dos veces y considérate "rico", pues tu Afore ya invierte.

Habla con tu empleador o con el área de recursos humanos para que te orienten acerca de la Afore en la que estás inscrito. Cuando te finiquitan del trabajo puedes seguir haciendo aportes voluntarios. Puedes trasladar tus ahorros de pensión a otra Afore. Comunícate con tu Afore y pregunta a qué clase de riesgo perteneces y, si estás en tu veintena o a principios de tu treintena, es muy conveniente pedir que te cambien a un fondo de riesgo alto, aunque lo más probable es que ya estés ahí. Es importante estar monitoreando tu Afore y pedir a tu asesor proyecciones de tu posible pensión, para no tener sorpresas en el futuro; adicionalmente puedes bajar y activar la aplicación móvil AforeMóvil (Consar), en donde puedes revisar tu saldo, aportes, calcular tu pensión y ahorrar en línea.

Cuando ahorres lo suficiente y hayas pagado tus deudas de tarjetas de crédito, puedes destinar algo de ese dinero para hacer aportes voluntarios.

Es cierto que no podrás retirar este dinero sino hasta que completes los requisitos de ley que veremos más adelante, pero cada día que pasa te sentirás más seguro de poder envejecer cómodamente; por otro lado, no estás ahorrando todo tu ingreso, sólo un pequeño porcentaje que te permitirá estar tranquilo después.

Es irónico cómo vivimos en una era en la que existen múltiples fuentes de información acerca del manejo del dinero y aun así la gente se muestra cada día más desinformada, creyendo que tendrán un golpe de suerte, una herencia o que se van a ganar la lotería.

¿Qué es una Afore?

Si has sido empleado algún día, probablemente tienes una. Una Afore (Administradora de Fondos para el Retiro) es una institución financiera que, como su nombre lo indica, administra los fondos del retiro para todos los trabajadores. Lo realiza a través de una cuenta con dinero que te deposita tu empleador mensualmente, lo cual va directamente a esta cuenta, así que tú nunca lo ves, pero sí puedes revisar el porcentaje en tu recibo de nómina. Este dinero sólo lo puedes retirar cuando te pensiones, que es a los 60 o 65 años, dependiendo del régimen al que pertenezcas y cierto número de semanas cotizadas. La idea de este tipo de fondos es asegurarte, o al menos tratar de asegurarte, de que tengas un ingreso durante tu vejez. La realidad es que, aunque se le agradece al sistema de gobierno que piense en esto, eres tú el que debería ser el principal interesado.

El aporte mensual es 6.5% de tu salario base, del cual 5.150% lo pone tu empleador, tú como trabajador aportas 1.125% y por último el gobierno federal 0.225%. Es decir que si ganas un salario bruto de 30 000 pesos, al mes entran en tu cuenta aproximadamente 1 950 pesos.

Hay diferentes regímenes de pensiones en México. Los pensionados por la ley del 73 del IMSS y los pensionados por la ley del 97. Los pensionados por los regímenes del IMSS por la ley del 73 y del ISSSTE son por parte del gobierno, y los pensionados por la ley del 97 se pensionan a través de su Afores, que son productos de entidades financieras privadas.

Con las actuales reglas es posible pensionarse si: en el régimen del IMSS de la ley del 73 *a)* cotizaste más de 500 semanas en el IMSS, *b)* tienes por lo menos 60 años, *c)* no has estado

inactivo por cinco años o más a la hora de pedir tu pensión. Mientras que por el régimen de la ley del 97: *a)* cotizaste más de 1250 semanas, *b)* tienes por lo menos 65 años.

Mucho ojo cuando te pensiones por el régimen de la ley del 73, pues aunque te puedes pensionar desde los 60 años, lo ideal es que te pensiones hasta los 65 en términos de cuánto dinero vas a recibir, ya que la cantidad será mayor.

Sus diversos beneficios

En primer lugar, las Afores autorizadas, que en México son 10, están obligadas a invertir una parte del dinero que está en tus subcuentas y a darte de vuelta una rentabilidad mínima.

Afores	36 años y menores Siefore Básica 4	37 a 45 años Siefore Básica 3	46 a 59 años Siefore Básica 2	60 años y mayores (36 meses) Siefore Básica 1	60 años y mayores (12 meses) Siefore Básica 0
Azteca	5.56%	5.12%	5.02%	5.37%	7.06%
Citibanamex	5.92%	5.45%	4.46%	5.21%	7.25%
Coppel	6.13%	5.58%	5.56%	5.35%	7.14%
Inbursa	5.71%	5.47%	5.23%	6.78%	7.21%
Invercap	3.76%	3.61%	3.34%	4.72%	7.1%
PENSIONISSSTE	5.28%	5.52%	4.29%	5.61%	7.29%
Principal	5.05%	4.28%	4.7%	4.34%	7.14%
Profuturo	7.60%	6.79%	6.04%	5.73%	7.35%
SURA	6.83%	6.22%	4.63%	5.58%	7.16%
XXI Banorte	5.26%	4.96%	4.36%	4.84%	7.15%

Fuente: https://www.gob.mx/consar/articulos/indicador-de-rendimiento-neto

Cuadro 5.1. *Indicador de rendimiento neto de las Afores (Siefore), agosto de 2019*

El porcentaje que ingresa en tu fondo cada mes se hace sobre el salario bruto, es decir, antes de impuestos. Cuando te jubiles, tu pensión no va a tener que pagar impuestos, siempre y cuando no sobrepases el límite de disposición del dinero de tu retiro ya sea por una mensualidad o retiro total. Esta información se actualiza de manera regular e intermitente en el Artículo 93. Ingresos exentos de las personas físicas. Al momento de pensionarte es vital y "obligatorio" que lo sepas de memoria para que no pases dolores de cabeza y pagues impuestos sobre el dinero que ahorraste por años.

Puedes cambiar el tipo de riesgo de inversión que estás dispuesto a asumir con el dinero de tu Afore, puede ser bajo, medio o alto, y en las diferentes categorías el administrador del fondo debe garantizarte una rentabilidad.

Cada persona debe escoger el nivel de riesgo que quiere para su fondo de pensiones y debe hacerlo de acuerdo con su edad, aunque si no lo hace, se va a la Siefore que le corresponde por edad de manera automática. Las Siefore son sociedades de inversión encargadas de invertir los recursos de las Afores, con el objetivo de generar rendimientos e incrementar el monto de tu pensión. Hoy en día hay cinco diferentes Siefore de acuerdo con la edad de cada trabajador, como se muestra en la figura 5.1.

SB0	Para personas de 60 años o más, que están próximas a realizar retiros por pensión o negativa de pensión, así como los trabajadores del ISSSTE con bono redimido.
SB1	Personas de 60 años y más.
SB2	Personas entre 46 y 59 años.
SB3	Personas entre 37 y 45 años.
SB4	Personas de 36 años y menos.

Fuente: Condusef.

Figura 5.1. *Tipos de Siefore*

Las Afores han obtenido muy buenos retornos. Si en 1999 tú hubieras invertido 1 000 pesos en diciembre de 2018 tendrías:

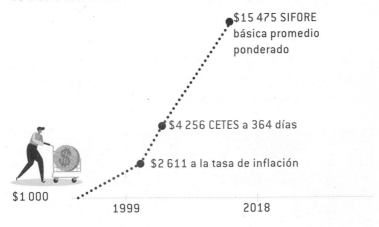

$15 475 SIFORE básica promedio ponderado

$4 256 CETES a 364 días

$2 611 a la tasa de inflación

$1 000

1999   2018

Figura 5.2. *Retorno de las Afores*

Preguntas frecuentes sobre la Afore y los fondos de ahorro para el retiro

¿Obligatoriamente debo seleccionar un nivel de riesgo para mi Afore?
No. Si no eliges una Siefore el dinero se irá automáticamente a la que te corresponde por edad.

¿Cuándo debo seleccionar la Siefore a la que quiero pertenecer?
Siempre tienes esta libertad, pero consulta con tu Afore las condiciones para cambiar de Siefore.

¿Puedo dividir mis ahorros entre diferentes tipos de fondo?
No. Tu Afore sólo puede pertenecer a una Siefore o nivel de riesgo. Adicional a esto, tu Afore está divida en cuatro subcuentas, las cuales son: subcuenta de retiro, subcuenta de aportaciones voluntarias, subcuenta de aportaciones comple-

mentarias (¡las cuales son deducibles!) y subcuenta de vivienda, que administra el Infonavit.

La diferencia entre la subcuenta de aportaciones complementarias y la subcuenta de aportaciones voluntarias es que en la segunda tus aportaciones están líquidas y listas para retirarlas en el momento que decidas, cosa que no pasa con la de aportaciones comprometidas, las cuales podrás disfrutar hasta tu retiro pero te dan un beneficio fiscal.

Subcuenta	Ramo	¿Quién(es) aportan?		Porcentaje total de aportación
Subcuenta del Retiro, Cesantía en Edad Avanzada y Vejez (RCV)	Cesantía en Edad Avanzada y Vejez	⇄ Patrón Trabajador Gobierno federal ⇄	+3.150% +1.125% +0.225%	6.5% del salario base de cotización
	Retiro	⇄ Patrón	$\frac{+\quad 2\%}{6.5\%}$	
	Cuota social	Gobierno federal		Depende del salario del trabajador y es adicional al 6.5% de RCV
Subcuenta de Aportaciones Voluntarias	Aportaciones voluntarias	Pueden aportar patrón y trabajador		Voluntario
Subcuenta de Vivienda	Vivienda (lo administra el INFONAVIT)	Patrón		5% del salario base de cotización

Figura 5.3. *Tipos de subcuentas*

¿QUÉ PASA SI REALMENTE NECESITO EL DINERO QUE TENGO AHORRADO EN EL FONDO DE PENSIONES ANTES DE CUMPLIR LOS REQUISITOS DE JUBILACIÓN?

TIENES LA POSIBILIDAD DE REALIZAR RETIROS PARCIALES POR DOS MOTIVOS: POR DESEMPLEO Y AYUDA POR MATRIMONIO.

RETIRO POR DESEMPLEO

Modalidad A. Podrás retirar en una exhibición la cantidad que resulte equivalente a 30 días de tu último salario base de cotización, con un límite de 10 veces la Unidad de Medida y Actualización vigente (UMA).

Requisitos: tener al menos tres años de registro y un mínimo de 12 bimestres de cotización ante el IMSS.

Modalidad B. Podrás retirar la cantidad que resulte menor a 90 días de tu salario base de cotización de las últimas 250 semanas o las que tuvieres, y 11.5% del saldo de la subcuenta de Retiro, Cesantía en Edad Avanzada y Vejez (RCV).

Requisitos: haber sido dado de baja en el régimen obligatorio del IMSS, que hayan transcurrido 46 días naturales a partir de la fecha de baja reportada por el patrón y no haber realizado este tipo de retiro en cinco años.

RETIRO POR AYUDA PARA GASTOS DE MATRIMONIO

Podrás retirar el equivalente a 30 veces la UMA diaria para matrimonios del 1 de enero de 2017 a la fecha, y para anteriores podrás retirar 30 veces el salario mínimo vigente en la Ciudad de México al año de matrimonio.

Requisitos: haber contraído matrimonio civil a partir del 1 de julio de 1997, llevar un mínimo de 150 semanas cotizadas ante el IMSS en el RCV a la fecha de celebración del matrimonio, solicitar la Resolución de Ayuda para Gastos por Matrimonio emitida por el IMSS y no haber obtenido este derecho con anterioridad.

¿Entonces este dinero es libre de impuestos?

Las pensiones cuya cantidad mensual tengan un monto igual o inferior a 15 UMA diarias, están exentas del impuesto ISR en su totalidad. El exceso de ese límite está gravado con el impuesto. Como el valor de las UMA varía con el tiempo, tienes que estar muy pendiente de ello, a través del Banco de México y del *Diario Oficial de la Federación*.

He tenido como 10 trabajos, ¿en dónde está mi Afore?

Sólo puedes tener una Afore, por lo que cada vez que te cambias de trabajo tu empleador se asegura de depositar en tu Afore de siempre.

Yo no tengo Afore, ¿cómo hago para disfrutar de los beneficios?

Si eres empleado, DEFINITIVAMENTE tienes una Afore. Todos los empleados, por ley, deben tener una. Pregúntale a tu empleador y luego puedes dirigirte directamente a tu Afore, para saber cuánto tienes y en qué Siefore te encuentras. Aunque existen casos muy especiales, en los que estoy seguro de que no te encuentras. De cualquier forma te lo voy a platicar de manera general. Al iniciar la era de las Afores en México el traslado y mantenimiento de todas las cuentas al nuevo sistema requirió mucho esfuerzo y una gran logística. Algunos de estos recursos provenían de bancos privados donde los patrones depositaban las pensiones de sus trabajadores, y al pasar al sistema de Afores quedaron sin un administrador, o sea, una Afore. Quiere decir que sí hay recursos, incluso se sigue aportando a esas cuentas, en caso de ser así, y que no se perdieron en el limbo, pero actualmente los dueños de esos recursos los tienen que reclamar, ya que no están generando plusvalías.

Su dinero es administrado por el Banco de México en una cuenta llamada "cuenta concentradora".

Dos, si eres independiente o *freelancer* debes invertir en salud y retiro por tu cuenta. Te gustaría empezar a ahorrar para el futuro, entonces, puedes abrir una cuenta de ahorro privada y empezar a ahorrar para tu retiro. ¿Y por qué no debes ahorrar directamente en una cuenta de ahorros del banco? Porque estas cuentas de ahorros no tienen un retorno de rentabilidad mínimo, para que tengas un retiro digno. Su tasa de interés está muy por debajo de la inflación y esto a la larga se traduce en una inversión muy pobre, y créeme, no vas a estar feliz una vez que lo compares con otros productos con intereses mucho más interesantes y ver que pudiste haber invertido ahí. Los planes de ahorro privados en instituciones financieras son tu mejor opción. Y en cuanto a salud, te recomiendo que contrates un seguro de gastos médicos mayores (GMM); hay muchas opciones en el mercado y comparando encontrarás uno que se adecue a ti. Mientras más rápido tengas tu seguro de GMM, harás antigüedad y te será más barato que contratarlo a una edad avanzada. No es broma, tómatelo muy en serio. Como *freelancer* depende plenamente de ti.

La gente dice que los jóvenes de hoy ya no podrán pensionarse. ¿Eso es cierto?
Lo único cierto es que en México no inculcan la cultura de ahorrar, y cualquier persona que ahorre e invierta durante su juventud, con miras a tener un retiro tranquilo, podrá hacerlo.

Las Afores y planes de ahorro privados son ideales para esto, pues puedes aportar de manera cómoda, con mensualidades que tú elijas y sin condicionantes para utilizarlo para tu retiro, únicamente que tengas los 65 años. Una ventaja que tienen los planes de ahorro privados sobre las Afores es que puedes hacerlos deducibles, obviamente con topes de aportaciones. De las Afores puedes hacer deducibilidades, pero únicamente de tus aportaciones complementarias.

¿Qué me piden los planes de ahorro privados si quiero utilizarlos para mi retiro?

Prácticamente que tengas los 65 años cumplidos. Déjame explicarte bien, un plan de ahorro privado de una institución financiera se contrata bajo tus términos: cantidad para aportar, periodo de vida y lo más importante, la meta de ese ahorro. Puedes contratar un ahorro privado para unas vacaciones por el mundo o tal vez para el enganche de tu casa. Tú pones las reglas. Ahora bien, existe una modalidad de los ahorros privados que toma como meta tu retiro y a ésa es a la que nos referimos en este momento; se le conoce como plan personal de retiro o PPR. Cuando te apoyas para tu retiro con un plan personal de retiro te comprometes a hacer uso de él hasta los 65 años a cambio de tener beneficios fiscales en ese plan. Eso quiere decir que para hacer deducible un plan de ahorro privado debes tener como meta tu retiro, lo cual firmas en tu contrato o solicitud con dicha entidad financiera. Los planes de ahorro privado para otro tipo de metas como viajes, autos, educación, etc., no pueden hacerse deducibles.

¿Cuándo me puedo pensionar?

Como lo platicamos antes, con la ley del 73 podrás hacerlo desde los 60 años y 500 semanas cotizadas en el IMSS. Si lo haces a los 60 años recibirás 75% del promedio de tus últimos cinco años de salario, con 61 años recibirás 80%, con 62 años recibirás 85%, con 63 años recibirás 90% y con 64 años recibirás 95%. Mientras que con la ley de 1997 te podrás retirar hasta que tengas 65 años y tu pensión será de acuerdo con el capital que tengas ahorrado en la Afore.

En un plan de ahorro privado te puedes pensionar cuando quieras una vez que cumplas los requisitos, tú vas a decidir con cuánto te quieres retirar y cuándo. Obviamente esto implica que tendrás que hacer tus cálculos y proyecciones para decidir tu retiro. Mientras más aportes, te pensionarás con más dinero o antes de tiempo, esto es, con un plan de ahorro privado, pero con modalidad de plan personal de retiro.

La importancia del ahorro voluntario

Si sólo cotizas lo que exige la ley es probable que la pensión que obtengas en el momento del retiro sea menor al salario devengado durante tu vida laboral. Por tanto, para disminuir esta diferencia entre lo que vas a recibir de pensión y tu salario —brecha pensional— y mantener tu poder de consumo y nivel de vida en tu vejez, es necesario que complementes los aportes obligatorios con un ahorro voluntario, o en el mejor de los casos con un plan personal de retiro.

Un estudio realizado por la Organización para la Cooperación y el Desarrollo Económicos (OCDE) sobre los sistemas de pensiones en México en el año 2015 nos advierte fuertemente sobre este fenómeno. Una persona que durante su vida laboral aporta únicamente 6.5%, que por ley se hace de manera automática, no tendrá suficiente para mantener el mismo estilo de vida, ya que los ahorros realizados representarán en el mejor de los casos alrededor de 26% del promedio de tus salarios a lo largo de tu vida laboral.

Digamos que en tus años de bonanza y cuando más energía tenías para laborar percibías un salario de 60 000 pesos. Cuando recién empezabas a laborar tenías un salario de 6 500, que de hecho con él duraste bastantes años, y en los años posteriores no fue tanto el aumento. Ya te podrás dar una mejor idea de que tu salario promedio es bastante menor al que recibías en tus mejores años. Bueno, pues de eso recibirás, EN EL MEJOR DE LOS CASOS, hasta 26% del promedio de tus salarios.

Lo que a ti te interesa son los números duros, ¿verdad? Te podría poner mil fórmulas y maneras de calcular con cuánto se retirarán la mayoría de las personas, debido al promedio de salarios en México. Pero te ahorraré eso y te daré los datos que te interesan. La mayoría de las personas en México recibirá en su retiro, de manera mensual, entre 8 000 y 15 000 pesos. ¿Cómo suena eso comparado con lo que ganabas hace un par de años, tal vez 60 000 pesos?

¿Y qué pasa con esos años que en la empresa te registraron con un salario menor al cual estabas recibiendo, o cuando estabas desempleado y tuviste que recurrir al mercado informal para seguir con tus gastos mensuales, o las veces que te cambiaron de trabajo y no supiste realmente qué sucedió con tu plan, te dio flojera o hasta miedo revisar cómo ibas?

Por tanto, para cubrir esta brecha te recomiendo (te imploro) realizar ahorros voluntarios para complementar el valor que se recibirá como pensión obligatoria y de esta manera recibir un ingreso más alto o más cercano a tu nivel anterior de ingresos.

También hay que tener en cuenta que no hay mejor aliado del ahorro que el tiempo y, por tanto, entre más joven empieces a ahorrar será mucho mejor, y podrás reducir considerablemente la brecha, aunque sólo cotices lo obligatorio.

La mejor opción para mejorar tu plan personal de retiro es realizar un ahorro adicional a través de los fondos voluntarios de pensiones. Así se podría recibir un ingreso por ambas vías: pensión voluntaria y pensión obligatoria, calculadas con base en los aportes hechos en cada uno de estos fondos. Los aportes a los fondos voluntarios tienen además beneficios fiscales, pues no se consideran ingreso constitutivo de renta o ganancia ocasional y, por ende, no forman parte de la base para aplicar impuestos hasta por cinco UMA diarias.

Así pues, al invertir en un plan personal de retiro puedes aumentar tu capacidad de ahorro porque disminuye la cantidad de impuestos a pagar. Estás matando varios pájaros de un tiro porque no estás "gastando" mes con mes para tu retiro, estás invirtiendo, estás recibiendo un retorno anual por parte del gobierno al hacerlo deducible (¡más dinero sin mover un dedo!) y te preocupas por tu retiro pues rellenas esa zanja que existirá entre tu último salario o ingreso y tu pensión.

Planes de ahorro privado

Hay diferentes administradoras de fondos y fiduciarias o también sociedades de inversión interesadas en administrar tu dinero (todas cobran una comisión por hacerlo, por supuesto). La ventaja de los planes de ahorro privado es que los puedes utilizar también para ahorrar para otros objetivos como educación, vivienda y sí, hasta vacaciones, como te comenté con anterioridad.

El dinero que aportes voluntariamente a este fondo también se invierte en el mercado bursátil. Puedes escoger el tipo de riesgo que quieres; recuerda que todas las categorías están sujetas a un monto mínimo de rentabilidad, por lo que no hay riesgo de que inviertas y "pierdas" todo tu dinero, el único riesgo es que no ganes tanto como querías.

Determina el monto y la periodicidad de los aportes que vas a hacer.

Si empiezas con toda la gasolina, diciendo que vas a aportar 10% y luego vas perdiendo los ánimos, no hay problema, estos fondos también te permiten hacer domiciliaciones a la tarjeta que tú quieras, evitando que te preocupes cada vez que vayas a aportar. Te recomiendo que lo hagas a los pocos días que has recibido tu paga, que es cuando tienes dinero en tu cuenta. Recuerda, primero ahorra y después gasta.

Aquí entra en vigor la psicología, pues retirar el dinero antes de tiempo, antes de cumplidos tus objetivos financieros, te hace objeto de multas; es decir, que si abres una cuenta para los estudios de tu primer hijo y dijiste que ibas a sacar el dinero en 15 años, pero lo retiras antes de 10, esto te puede generar una comisión por retiro o penalidades.

Y, finalmente, la mayoría de administradoras de fondos y sociedades de inversión tienen sistemas y plataformas robustas como los bancos, lo que te permite manejar tu dinero por internet con la misma facilidad que lo harías en un banco.

Si necesitas el dinero en menos de cinco años es mejor que recurras a otros instrumentos de inversión menos riesgosos y más accesibles, como pagarés e instrumentos bursátiles de renta fija.

Puedes dirigirte a cualquiera de las entidades certificadas por el gobierno para abrir tu plan de ahorro privado.

Sociedades de inversión

Su nombre lo dice: son sociedades en que invierten diferentes personas, que pueden ser físicas o morales. Estos fondos se encargan de reunir el dinero de todos estos inversores para reunirlo en una sola inversión más grande. Al recibir aportes de diferentes fuentes esta inversión se puede aplicar a productos que tal vez una sola empresa o persona no podría absorber. Este tipo de inversiones trae buenos dividendos.

Para invertir en fondos debes ir a una sociedad administradora de fondos, fiduciaria o casa de bolsa. Estos fondos son grupos de inversiones que pueden estar compuestos de acciones, bonos corporativos o públicos, activos inmobiliarios, acciones y valores internacionales, etc. Antes de participar en uno el asesor te dará a escoger y te mostrará toda la información para que selecciones el de tu preferencia.

Dichos fondos también pueden combinar entre productos de renta fija (bonos, pagarés, depósitos a tiempo definido) y de renta variable (acciones). La ventaja de los bonos es que, por lo general, no requieren mucho mantenimiento y se renuevan automáticamente. Otra cosa que te beneficia al invertir en fondos es que puedes elegir el nivel de liquidez (cuándo puedes disponer del dinero) que requieras.

Si aún no te he convencido de lo convenientes que son los fondos, aquí te pongo otras ventajas:

- Obtienen rentabilidades mayores a las que se podrían conseguir con una inversión normal.
- Los supervisa la Comisión Nacional Bancaria y de Valores y en algunos casos la Comisión Nacional de Seguros y Fianzas, por lo que tienes a dónde ir a reclamar.
- Acceso a diferentes mercados: invertir en fondos da la oportunidad de hacerlo en diferentes mercados, instrumentos y sectores.
- Economías de escala: al invertir de forma conjunta podemos obtener mejores costos de intermediación en el mercado de valores que de forma individual.
- Información en línea: están regulados por lo que deben publicar en sus páginas web toda la información relacionada con el funcionamiento del fondo.

INVERTIR EN LA BOLSA

¿Qué es la bolsa de valores?

En México muchos no saben a qué se refiere la gente con eso de la "bolsa", aunque muchos tengan la pensión u otros ahorritos invertidos allí. Muchos creen que es sólo para millonarios y otros le tienen miedo pues, como todos, le tememos a lo desconocido o escuchamos de fraudes millonarios y pensamos que podrían ocurrirnos a nosotros.

Pero la bolsa en sí no es exclusiva de gente con mucho dinero. El concepto en realidad es muy simple: las empresas requieren dinero para financiar proyectos, entonces venden pequeñas partes a personas normales como tú y yo (no necesariamente millonarios). Con este dinero hacen sus proyectos y si les va bien y ganan dinero, te devuelven el tuyo con un premio por haberlos ayudado, y si les va mal tú pierdes dinero. Esas pequeñas partes de la empresa se llaman acciones, es decir, que tú pasas a ser un *inversionista* y el premio que te dan cuando te devuelven tu inversión se llama *dividendos*. Si llamarte a ti mismo "inversionista" no es suficiente motivación para animarte a saber más sobre la inversión en la bolsa, te voy a seguir contando otros aspectos.

Muchos ni siquiera saben dónde queda la bolsa en México. Las bolsas de valores de México, primero, son entidades privadas (apuesto que muchos se sorprenden al saber esto). Son la Bolsa Mexicana de Valores (BMV) y la Bolsa Institucional de Valores (Biva). La BMV opera desde 1894, mientras que la Biva desde 2017.

Entonces, la bolsa es literalmente la "bolsa de dinero" de donde las grandes empresas sacan capital prestado cuando lo necesitan. Digo "grandes empresas" porque hay que tener ciertas condiciones determinadas para poder cotizar en la bolsa. No, tu mediana o pequeña empresa aún no puede cotizar en la bolsa, pero cuando sea más grande sí podrá.

¿Por qué? Precisamente porque requeriría que puedas vender pequeñas partes de ella (acciones) y tendrías que tener mayor tamaño para esto.

Voy a poner un ejemplo: una empresa listada en la bolsa quiere sacar un producto nuevo y para eso necesita incrementar su proceso productivo, comprando maquinaria de última generación y contratando a más de 500 personas. Para hacer esto acude a la bolsa a vender acciones.

La gente las compra, la empresa obtiene el dinero, aumenta la producción y contrata a más de 500 personas nuevas. El producto sale a la venta y resulta que es un éxito. Después reporta que ha tenido aumento de ventas y entonces las personas que compraron las acciones reciben un incremento en el precio de ellas; pero si, por el contrario, el producto fue un fracaso, las acciones bajan de precio.

Pero digamos que la empresa hace una gran campaña de expectativa sobre dicho producto y la gente lo está esperando: se proyectan muy buenas ventas. Entonces el precio de la acción sube porque todo el mundo espera que le vaya muy bien y quiere obtener ganancias. Es decir que aunque la empresa no haya reportado buenos o malos resultados aún, el precio de una acción puede variar de acuerdo con las expectativas y rumores. Cuando hay rumores de que les va a ir mal, las acciones bajan de precio porque la gente empieza a venderlas.

El mercado de acciones en la bolsa se considera entonces de renta variable, porque nunca estás seguro de lo que vas a ganar, por eso esta clase de inversiones se considera como de largo plazo.

Además, la bolsa tiene un indicador que le dice si, en general, estuvo a la baja o al alza durante determinado tiempo. Esto le sirve a todo el mundo porque la mayoría de los inversionistas tiene portafolios diversificados. Cada país se rige por indicadores diferentes porque cada bolsa está compuesta por empresas distintas.

Ventajas	Desventajas
A cambio de obtener rentabilidad, las personas invierten sus ahorros en las empresas y éstas a su vez crecen y se desarrollan. Los inversores tienen así acceso a inversiones de alto potencial de ganancia y las empresas obtienen financiamiento a bajo costo. Todas estas operaciones se manejan bajo la revisión detallada del gobierno, por lo que se consideran seguras y le permiten al inversor recuperar su dinero en efectivo.	Las acciones son inversiones sensibles al tiempo, es decir; que se maduran mejor en el largo plazo. Esto dejará un lapso considerable para que sean afectadas por variables como desempeño y sector de la economía, aspectos en los que el inversor tiene nula injerencia.
La bolsa de valores ofrece innumerables opciones o instrumentos de inversión para diferentes necesidades. Todos los instrumentos están destinados a mejorar y aumentar la inversión inicial.	El riesgo de la inversión en acciones, bonos, fondos, etc. es directamente proporcional a la volatilidad del mercado, es decir, a factores como la economía, la política y las tendencias.
La bolsa de valores permite que la persona escoja el instrumento que quiera dependiendo de sus objetivos. La persona debe evaluar todas las variables y decidir cuánto quiere invertir, el riesgo que desea correr y la liquidez que necesita.	El riesgo de que la inversión pierda valor aplica para todos los inversores.
Las personas pueden hacer parte y tomar decisiones en el mercado real del país de acuerdo con sus percepciones,' sin importar si pertenecen o no al sector en el que deciden invertir.	La liquidez o facilidad de vender una inversión no está garantizada, por lo que cuando una persona decide vender o debe hacerlo porque quiere recuperar su dinero, es posible que tenga que vender a menor precio.

Ventajas	Desventajas
Este tipo de inversión no requiere que el inversor esté ocupando todo su tiempo en ella, pues puede hacer inversiones a largo plazo y de paso movilizar sus ahorros.	La injerencia que tiene el gobierno en el mercado bursátil es un riesgo que debe ser tomado en cuenta, pues pueden cambiar leyes que de alguna u otra forma modifican el comportamiento del mercado. Este riesgo se llama *riesgo legislativo*.
	Las inversiones de renta fija, como bonos y títulos, podrían verse afectados por las fluctuaciones de tasa de interés.

Cuadro 5.4 *Ventajas y desventajas de invertir en la bolsa de valores*

Maneras de invertir en la bolsa

Hay tantas maneras de invertir en la bolsa como personas en la Tierra. Tú puedes recurrir a varias de ellas.

En México todas las personas necesitan un corredor de bolsa o bróker que las represente. Es decir, no puedes ir a la BMV o a la Biva y decir: "Buenas, ¿a cómo las acciones?".

Estos brókers compran y venden a tu nombre según lo que tú les digas, pero como muy poca gente es experta en la bolsa y es demasiado riesgoso ponerse a adivinar cuál acción va a subir y cuál va a bajar, tú le puedes pedir ayuda a tu bróker para saber cuáles acciones comprar y cuáles se ajustan a tu presupuesto.

Aunque en teoría puedes invertir la cantidad que quieras, la mayoría de brókers de bolsa exigen un monto de entrada en algunas casas de bolsa desde 10 000 pesos, para garantizar algún tipo de ganancia, para cubrir las comisiones que ellos cobran y para poder diversificar la inversión en diferentes categorías de acciones o en diferentes empresas.

También existen las casas de bolsa, que te pueden brindar asesoría para comenzar con tu portafolio. Los montos de entrada son definidos en gran parte por los objetivos que tengas. Por ejemplo, si quieres destinar el dinero de tu inversión para la compra de una casa en cinco años, no es lo mismo que si quieres invertir para mandar a tus hijos a la universidad en 15 años. Los brókers tienen diferentes paquetes de entrada que se ajustan a esto.

Distintas opciones de inversión

Las personas que son inexpertas en la bolsa creen que invertir consiste en ser una persona sumamente inteligente y conocedora que ve cómo funciona el mercado y llama a su bróker y le dice: "Quiero comprar Intel a un dólar", y luego estas acciones suben y ellos tienen un millón de dólares automáticamente, y que con este dinero entonces van a comprar un deportivo con quemacocos o un yate para estacionarlo en el Caribe mexicano. Si fuera de esta manera es obvio que nadie podría invertir en la bolsa, ¿pues quién tiene tiempo de saber en qué invertir cuando tiene una vida por vivir, hijos que mantener, proyectos que manejar, familias que visitar?

Una lección muy importante en cuanto a inversión en la bolsa es: no dejes todos los huevos en la misma canasta. Y es por eso que debes tener un portafolio diversificado. Es decir, que todas tus acciones no estén en "Intel a un dólar" como has oído en las películas, ni en Microsoft ni en Apple, sino en distintos productos con diferentes periodos y tasas de ganancias.

Gracias al cielo, para tu suerte, ya existen estas combinaciones de productos y las empresas brókers se han encargado de reunirlas en grupos.

¿Cuándo invertir en la bolsa?

Las siguientes son señales de que estás listo para invertir en la bolsa:

- Has oído historias de terror de otros inversionistas, pero te sientes tranquilo porque tienes el conocimiento de cómo funciona y estás consciente de que debes esperar cuando tus acciones se encuentren a la baja.
- Estás consciente del riesgo que implica y te sientes confiado en las medidas que puedes tomar para minimizar este riesgo.
- Entiendes lo que significa "renta variable" y sabes que en ocasiones parecerá que pierdes dinero pero que no lo harás realmente sino hasta que decidas retirarlo.
- Sabes que las inversiones vienen y van y que no necesariamente tienes que invertir en la bolsa toda tu vida.
- Tienes un plan y sabes qué hacer cuando generes ganancias: si planeas sacarlas o reinvertirlas.
- Estás dispuesto a dedicar tiempo para ver cómo van tus inversiones o al menos a hablar con tu asesor de vez en cuando para ver cómo va la cosa. Tienes que saber cuánto ganaste, si perdiste y qué vas a hacer y en cuánto tiempo. Si no tienes la disposición, entonces debes estar dispuesto a invertir en renta fija o en fondos de riesgo bajo; habla con tu bróker para que te ofrezca un producto de bajo nivel de mantenimiento y que se balancee solo.

En resumen, tenemos diferentes opciones de inversión:

PORTAFOLIOS

- Mayor facilidad de monitoreo y administración
- Control mínimo de las inversiones

FONDOS DE INVERSIÓN

- Son inversiones más fáciles de monitorear y administrar
- Menores comisiones ya que cobran una administración por el fondo
- Menor control de las inversiones

ACCIONES / BONOS / EFECTIVO

- Las acciones y bonos individualmente son difíciles de monitorear y administrar
- Los retornos de las acciones son muy volátiles y extremadamente difíciles de predecir
- Los retornos de los bonos son más fáciles de predecir, pero el promedio de sus retornos es inferior al de las acciones
- Mayores comisiones de compras y venta
- Mayor control de las inversiones

Figura 5.4. *Opciones de inversión*

En la base tenemos las acciones, bonos y efectivo; en esto tenemos una diversidad de opciones, pero hay que tener mucho tiempo y conocimiento para administrar y monitorear este tipo de inversiones, las cuales normalmente se realizan a través de casas de bolsa y brókers. En el medio están los llamados fondos de inversión, los cuales tienen diferentes objetivos de inversión y simplifican el proceso de inversión dedicando menos tiempo y conocimiento, sin embargo siguen siendo una variedad de alternativas; éstos se realizan normalmente a través de fiduciarias, fondos voluntarios de pensiones, casas de bolsa, bancos y operadoras y distribuidoras de fondos de inversión. En la parte de arriba se encuentran los portafolios, los cuales requieren poco monitoreo y conocimiento, y están diseñados de acuerdo con la edad del inversionista o el tiempo que requiere el objetivo de inversión; pueden realizarse a través de Afores, pensiones voluntarias, sociedades de inversión, compañías de seguros y fiduciarias.

INVERTIR EN BIENES RAÍCES

¿Vale la pena?

A veces la inversión en bienes raíces sí vale la pena. Puedes comprar para rentar y tener una renta fija mientras el valor de la propiedad se valoriza, o comprar para esperar una valorización y vender.

Antes de hacer cualquiera de las dos opciones, piensa en lo siguiente:

- El valor de la renta de tu propiedad puede ser de hasta 1% del valor total de venta. O sea que si tu propiedad costó 1500000 pesos, el arriendo que puedes cobrar puede ser hasta de 15000, dependiendo también mucho de la zona y del estado en que se encuentre el inmueble. Esto, claro, varía dependiendo de su uso: comercial o habitacional.

- Haz cuentas y ve si recuperas tu inversión.
- Si es fácil de rentar, pues también hay sitios difíciles de alquilar, ya sea por ubicación o por sobreoferta. Suma aparte los gastos de impuestos, administración y mantenimiento.
- Qué tipo de inmueble necesitas según la oferta y la demanda del sector. Por ejemplo, si estás esperando que tu casa se valorice para venderla, ten en cuenta que eso no va a pasar en poco tiempo, y que tendrás que esperar. Por otro lado, si lo que quieres es empezar a ganar rápido, tal vez te convenga más comprar una propiedad en un sitio que se rente muy bien, pero que tal vez no se valorice tanto en el tiempo.
- Nadie te puede garantizar que tu propiedad se va a valorizar. Puede ser que hayas comprado en una zona que prometía plusvalía, pero luego, por factores independientes, la zona empiece a decaer.

De cualquier forma la inversión en bienes raíces siempre es mejor cuando el enganche es jugoso, pues quiere decir que los dividendos serán más provechosos y que pagarás menos en intereses.

CUÁNDO NO CONVIENE INVERTIR

Sistemas piramidales

México ha sido un país particularmente azotado por los sistemas piramidales, y las personas aún siguen cayendo. Sospecha de empresas que te prometen rendimientos desmesurados a corto plazo: ningún banco es hermanita de la caridad. Los sistemas piramidales, por ejemplo, son modelos de negocio en los que el dinero que entra de los últimos clientes se utiliza para pagarles a los primeros que invirtieron, y así sucesivamente hasta que se quedan sin clientes y los últimos en entrar se quedan sin un centavo mientras que el que inició se va con todo. No me hagas recordarte los casos de las pirámides en los que miles se quedaron sin nada, como el caso de Madoff en Estados Unidos en 2008 y el de la Sofom Crece con Nosotros en México en 2017.

Negocios riesgosos

Como ya estamos hablando de esto, aprovecho para nombrarte otro tipo de negocitos en los que la gente ha perdido su dinero. Forex, por ejemplo, es una plataforma en donde la gente percibe dinero según ganen o pierdan las divisas (dólar, libra, euro, yen), y prometen hasta 30% de las ganancias. Esto no está regulado en México así que si pierdes dinero o te estafan, nadie puede hacer nada por ti. Si lo de Forex te suena tan complicado que piensas que "nunca te va a pasar", entonces te pongo el ejemplo de las constructoras que quiebran antes de entregarte tu casa o, peor aún, que son ficticias o te venden propiedades que en realidad no están a la venta.

Criptomonedas

Por otro lado, han salido nuevas inversiones que toman a muchos por sorpresa por su nivel de sofisticación, como las criptomonedas, y, la más popular, el *bitcoin*, que es una moneda virtual que funciona como sistema de pagos. Todo su desempeño está basado en archivos de computadora. Se rige como moneda para pagar bienes y servicios por internet. Como podrás imaginar, ésta no es una moneda regulada, por mucho que oigas sobre personas que se han hecho ricas con ella; no tiene nada que la respalde, sólo es un desarrollo tecnológico más.

De cualquier forma, al crecer el uso del *bitcoin* cada vez se vuelve menos experimental, así que si decides invertir en él, ten en cuenta que nadie puede predecir el futuro financiero y que implica altos riesgos.

Otras recomendaciones

Revisa detalladamente cualquier entidad o banco en el que vayas a invertir tu dinero.

Pregúntate siempre, con lógica y sentido común: ¿de dónde está saliendo el crecimiento de este dinero que estoy recibiendo en intereses? Ya sabemos de dónde proviene el de los bancos (de lo que les prestan a otras personas), el de las acciones (de los crecimientos de las empresas), es decir, el origen del rendimiento debe estar claro para ti.

México es un país que cumple con las legislaciones internacionales contra el lavado de dinero y el enriquecimiento ilícito; no dañes tu vida por la avaricia de querer unos pesos de más, invierte en entidades legales, que si te salen con que a Chuchita la bolsearon o te estafan, al menos tienes a dónde ir a quejarte.

Por último, recuerda que en México, debido a nuestro pasado tortuoso con el narcotráfico, la extorsión y el lavado de dinero, existe lo que llaman "listas vinculantes o inhibitorias": OFAC o lista Clinton, lista ONU, y por lo general cada entidad bancaria tiene una lista propia. Cuando te metes en negocios ilícitos y te juntas con malas personas, los bancos te vinculan a esas listas y te niegan la capacidad de acceder a los servicios financieros. Y esto no nos lo inventamos aquí, por malos; éstas son listas internacionales con pleno valor legal.

6

── ASEGURANDO ──
LO MÁS VALIOSO

LA IMPORTANCIA DE ASEGURAR

A la mayoría de las personas no les entra la inquietud de asegurar sus cosas sino hasta que son mayores y consideran que "tienen" un riesgo de enfermarse o morirse o, en el peor de los casos, cuando se ven en una situación complicada en la cual les vendría como anillo al dedo algún seguro. Pero la verdad es que los seguros existen para todas las etapas de la vida y para todos los posibles eventos que te pudieran suceder, pues no solamente son para proteger tu auto o tu casa.

Debido a la naturaleza de algunos seguros, en el pasado muchas personas consideraban que eran como una inversión para el futuro porque "ahorraban" y luego les devolvían ese dinero. Hay algunos seguros para estudios de los hijos que funcionan de esta forma (se les conoce como seguros de educación, que además de ser un seguro de vida te ayudan a administrar y ahorrar para los estudios universitarios de tus hijos), sin embargo, es erróneo verlos como una inversión, dado que la mayoría de los seguros no funciona de esta forma, y si lo que

quieres es invertir, una inversión de renta fija o variable a largo plazo puede darte mejores dividendos.

Un seguro es precisamente eso: un mecanismo para proteger lo que a ti te interesa o te ha costado tanto tiempo y dinero obtener. *Es mejor tener seguros y no necesitarlos, que necesitarlos y no tenerlos.*

Muchas personas ahorran durante meses o años para cumplir un objetivo, pero luego se les olvida o les duele el codo pagar unos pesos mensuales de más para proteger su inversión. Pero la triste realidad es que las cosas malas pasan y debes estar preparado para ellas, ya sea que tengas 20 o 70 años, pues hay golpes de los que es muy difícil recuperarse.

¿Cómo funcionan los seguros?

Los seguros tampoco son, como algunos se lo imaginan, hadas madrinas que te devuelven todo el dinero que perdiste. Cuando adquieras uno, debes leer muy bien la letra pequeña y preguntar las veces que sean necesarias hasta que entiendas exactamente cuál es la cobertura que ofrecen y cómo te van a resarcir en caso de que lo necesites.

Ya sé que si al asegurado nunca le pasa nada esa lana del seguro "se pierde" en la mayoría de los casos, pero, como dije, se trata de ser realistas; imagínate que llegaras a perder eso que no aseguraste, seguramente no podrías recuperarlo o sería un gran revés financiero en tu vida.

Así es como funcionan los seguros: hacen un gran fondo de todas las personas que los pagan y se benefician de él los que lo necesiten. Suena bonito, ¿cierto? Pero los seguros también son negocios administrados por empresas que necesitan beneficiarse y subsistir, así que de ninguna manera son hermanitas de la caridad. Ellas aplican la estadística para saber hasta dónde pueden arriesgarse.

Por ejemplo, si adquieres un seguro de gastos médicos mayores por el cual pagas 5 000 pesos mensuales y te ofrece una suma asegurada de 20 000 000, no quiere decir que tienes que ahorrar todo ese dinero. La aseguradora estadísticamente sabe que hacer esa recaudación entre todos sus clientes es suficiente para cubrir a los que resulten afectados, pues no todos usarán su seguro de gastos médicos mayores.

La gran mayoría de los seguros de bienes establece un deducible, es decir, que éstos cubrirán una parte de la reposición del bien y tú otra, que será mucho más pequeña que si tuvieras que hacer el gasto completo.

Al contratar un seguro decides entre diferentes opciones de montos y periodicidad con la que tendrás que pagarlos. Busca lo que mejor te acomode, y si consideras que los pagos mensuales son lo mejor, te recomiendo que de preferencia tenga domiciliación automática con cargo a tu cuenta o tarjeta de crédito o débito y que sea de renovación automática, no sea que se te olvide renovarlo y pase algo y te quedes sin cobertura. También puedes pagarlo anualmente y evitar los cobros mensuales. Es cuestión de que lo analices.

¿Qué puedo asegurar?

Hoy, prácticamente todo, y eso que no hemos llegado al extremo de otros países que permiten asegurar hasta partes del cuerpo. Todo lo que compres, tus ingresos y hasta tú eres sujeto de aseguramiento.

En México existen algunos seguros de carácter obligatorio, como el seguro de automóvil con responsabilidad civil, y también ciertas profesiones exigen algún tipo de seguro por los riesgos que implican.

Gracias al seguro de automóvil tú y todos los demás están protegidos contra cualquier siniestro o daño a una persona o bien que se pueda ocasionar utilizando el vehículo. Menos mal que es obligatorio, porque hay personas que han ahorrado durante años para comprar su auto o se gastan todo su sueldo en las mensualidades, y son desidiosos para pagar un seguro que las proteja a ellas y a los demás.

Por otro lado, los seguros para personas abarcan casi todas las categorías que te puedas imaginar; a veces no se puede tenerlos todos, pero piensa y prioriza tus bienes y beneficios para saber en cuáles te debes apoyar, dependiendo de la etapa de la vida en que te encuentras. Un agente de seguros tratará de venderte todos, desde seguros contra enfermedad hasta indemnizaciones si se te muere la mascota, por lo que es bueno

que te informes primero y elijas después. También revisa muy bien los seguros, porque muchas veces ya incluyen coberturas de las cuales ni estás enterado, por ejemplo, en el seguro hipotecario ya tienes una póliza de vida para cubrir el valor del crédito, y en algunas tarjetas de crédito ya están incluidos seguros de viaje, funerarios y de salud con cobertura en el extranjero.

LOS SEGUROS DE VIDA

Son los seguros más importantes. Sí, aunque seas joven y bello, ¿qué harías si tienes que responder por alguien más o quedaras incapacitado?

Para eso existen los seguros de vida. Sin embargo, muchas personas deberían contar con un seguro de vida y no lo creen necesario. Este seguro básicamente protege a los que dejas si llegaras a fallecer, y cubre años de ingreso si faltas; si lo vemos de esta forma, es un muy buen negocio.

Deberías tener un seguro si tienes hijos pequeños, si tu cónyuge u otros familiares dependen económicamente de ti, o si tú o tu pareja tienen deudas que no rescinden con el fallecimiento de los responsables. Y, dado el caso, si tienes esto arreglado, siempre es bueno que tengan todo planeado en lo relacionado a los gastos funerarios, pues no son nada baratos, y claramente vienen en el peor momento posible.

Para tu conveniencia, existen varios tipos de seguros de vida con diferentes modalidades de pago.

Seguros de vida temporales

Como su nombre lo dice, son temporales; te cubren durante una cantidad determinada de tiempo. Si falleces durante ese periodo les dan una indemnización a tus beneficiarios. De lo contrario, el dinero no se entrega. Si quieres renegociarlo vuelven a calcular la tarifa de acuerdo con tu edad y condiciones: no es lo mismo un seguro para un oficinista que para un buzo profesional, o para una persona de 35 años que para una de 65; varían los niveles de riesgo que el asegurador asume.

Seguros de vida permanentes

Es fácil, si falleces les dan el dinero a tus beneficiarios, y si tienes cierta edad y sigues vivo, te entregan el dinero y lo puedes disfrutar o dejar de herencia. No pienses en este tipo de seguros como una "inversión", pues no generan los mismos dividendos. Piensa en él como un ahorro.

Seguros de invalidez

Aunque no haya personas que dependan de ti económicamente, debes considerar un escenario en el que pudieras quedar incapacitado. Sí, es bastante improbable, y entre más joven seas, esas posibilidades decrecen, pero pueden llegar a pasar y debes vivir de algo.

Este tipo de seguros los puedes encontrar en paquete junto con el de vida.

Muchos dirán que sacarán el seguro cuando ya lo necesiten, cuando estén enfermos, cuando tengan hijos o cuando estén cerca del final de su vida; pero la cosa con los seguros es que no funcionan así, pues a mayor nivel de riesgo que representes cuando decidas contratar el seguro, más te van a costar las cuotas mensuales.

Los seguros de vida se pueden adquirir en diferentes modalidades, y alguna de ellas probablemente se adaptará a tus necesidades.

¿Por qué es vital asegurar la salud?

Ya hablamos de lo que podría pasar en los peores casos: fallecimiento e invalidez, pero aún nos falta cubrir las calamidades del día a día y el cuidado de tu salud.

Muchas personas se quiebran poco a poco o de una buena vez cuando se ven enfrentadas a gastos médicos que no tenían contemplados. Financieramente, éste es un revés muy difícil de superar. No tiene que ser algo complicado: un padecimiento repentino pero que requiere cuidados y procedimientos puede arrancarte miles o hasta millones de un tajo. Si tienes un buen fondo de emergencia, te felicito, pero es mucho más fácil y responsable tener un buen seguro de salud.

OTROS TIPOS DE SEGUROS

Seguro de hogar

Aseguran tu vivienda por un valor determinado y cobran un deducible en caso de ser efectivos. Es increíble que las personas ahorren y celebren la compra de una vivienda y luego no la aseguren. Y si vives rentando también aplica; revisa en tu contrato cómo son los términos en caso de robo o daño y luego decide si quieres contratar un seguro.

Aquí va un dato real que me gustaría compartirte. Antes de los eventos desafortunados que vivió la Ciudad de México con los sismos de septiembre de 2017, únicamente 25% de los adultos mayores contaba con algún seguro, y de ese 25, 12% era un seguro de vivienda. Bueno, pues ese número no habla de personas que tuvieron la iniciativa de contratar un seguro de vivienda, ya que muchas de ellas tenían hipoteca y el producto es obligatorio, junto con el seguro de vida. Después del día del temblor se dispararon las solicitudes para seguros de vivienda y también su búsqueda por internet. Hasta que en realidad necesitamos este tipo de productos es cuando hacemos algo. Piensa si quieres estar en esa situación y arriesgar tu patrimonio.

El seguro puede ser sólo por daños a la propiedad o también por los bienes que se encuentran dentro de ella. Para contratarlo, debes hacer por anticipado un inventario de todos tus bienes y su valor. Si no quieres hacer una relación de todo lo que tienes, también existen seguros que cubren hasta cierto monto sin importar lo que tengas en la casa.

También hay que fijarse en el tipo de siniestro que cubre el seguro, por ejemplo, algunos contemplan incendios, pero no temblores; o incendios por gas, pero no por fuga de líquidos inflamables. No puedo insistir más en que las reglas de los seguros deben pactarse al detalle para que la reclamación no sea un calvario.

Asimismo, dependiendo del sitio donde vivas, pueden cubrir diferentes tipos de desastres naturales, como huracanes o inundaciones.

Ahora, si adquiriste un crédito hipotecario, todos los bancos te van a exigir que tengas seguro de vivienda para proteger el patrimonio.

Al contratar un seguro de hogar puedes tener en cuenta cosas como: robo de enseres, daños por tentativa de robo (sí, no es lo mismo que un robo), desastres naturales (que se clasifican en diferentes categorías; asegúrate de tener la correcta para tu ubicación geográfica), daños por incendio (que también se clasifican por origen del incendio, por ejemplo, algunos cubren sólo incendio por daño eléctrico), todo tipo de daños ocasionados por terceras personas, los daños que pudiera causar tu mascota a transeúntes y vecinos, daños eléctricos, conmoción civil (útil en algunas partes de la ciudad), gastos de mudanza y bodega, orientación jurídica, asistencia en plomería y en el sistema eléctrico de tu vivienda, entre otros.

Seguro de vehículo

Es obligatorio y debe tener responsabilidad civil, para que en caso de ocurrir algún accidente de tránsito nadie busque justificaciones, y si hay afectados o, desgraciadamente, muertos, el dinero se va a los beneficiarios. Cubre gastos médicos, hospitalarios, medicamentos, ambulancias, rehabilitación y gastos funerarios. Esto aplica tanto para los causantes del accidente como para las víctimas.

Si no tienes el seguro eres sujeto de una multa que representa hasta 40 veces la unidad de cuenta vigente, la cual puedes revisar en la página web de la Ciudad de México (cdmx.gob.mx). De nada sirve ahorrar si al primer encuentro con la policía pueden llevar tu auto al depósito vehicular.

Por lo general, el seguro vehicular con responsabilidad civil se puede adquirir en cualquier aseguradora junto con otros seguros de vehículo que también te pueden servir. El precio depende de las características de tu auto y está definido por ley, por lo que no vale la pena "regatear", a no ser que te ofrezcan un buen trato en el resto de seguros que no son obligatorios.

Desde 2014 todos los seguros vehiculares tienen dentro de su cobertura la responsabilidad civil, por lo que no tienes que contratar esa cobertura adicional o contratar otro producto. De cualquier manera, te insto a que revises tu póliza y te asegures de su cobertura.

También puedes obtener un seguro de acuerdo con el tipo de vehículo, el precio y la marca: no es lo mismo conducir una Suburban que un Chevy modelo 2005 o un auto antiguo.

Además, si piensas que tienes necesidades especiales (digamos que le compraste un auto a tu hijo de 18 años o quieres asegurar el coche que usa un familiar de la tercera edad), también puedes contratar un seguro que incluya asesoría jurídica o asistencia en viajes.

La mayoría de los seguros ya incluye asistencia hasta para una llanta ponchada, servicio de conductor esporádico, reparaciones, grúas y reemplazo del vehículo mientras se repara.

Ahora en México también existe seguro para tu moto. Muchas personas utilizan sus vehículos como medios de trabajo y es importante que aseguren lo que les da el sustento diario. Así como las motos, también puedes asegurar cualquier tipo de vehículo, como camiones, autobuses, taxis y hasta bicicletas.

Los seguros de vehículos existen con deducible o sin él. Ten en cuenta el precio de tu vehículo y el del seguro para saber si hace sentido comprar uno o el otro. El deducible es el pago que debes efectuar en caso de una eventualidad desfavorable, y normalmente es un porcentaje del valor comercial del vehículo. Por ejemplo, en caso de robo total del coche, el pago corresponde a 10% del valor del auto: 250 000 pesos, por lo que la cantidad que tendrías que pagarle a la aseguradora sería de 25 000, la cual te lo descontará de la cantidad que deberá reintegrarte.

EN CASO DE SINIESTRO

- NO CELEBRES NINGÚN CONVENIO.
- IDENTIFICA LOS VEHÍCULOS (NÚMERO DE PLACAS, NOMBRE Y DIRECCIÓN DE LOS CONDUCTORES).
- REPORTA EL SINIESTRO INMEDIATAMENTE A LA ASEGURADORA.
- NO ORDENES LA REPARACIÓN DEL AUTO SIN LA AUTORIZACIÓN EXPRESA DEL AJUSTADOR O ASEGURADORA.

¡EVITA DAR UN PASO EN FALSO Y VE A LA SEGURA!

¿CUÁLES SON LAS COBERTURAS MÁS COMUNES PARA PROTEGER UN COCHE?

- Daños materiales: cubre el costo de las pérdidas ocasionadas por un siniestro, como choques, caída de árboles, volcaduras, entre otros.
- Robo total: si roban tu auto te proporcionarán el monto correspondiente.
- Responsabilidad civil: protege de daños materiales, lesiones corporales o muerte que pudieras causar a terceros.
- Gastos médicos: ampara el pago de la asistencia médica por lesiones corporales del asegurado o los demás ocupantes del vehículo por accidentes de tránsito.

Fuente: Condusef.

Seguros de otras propiedades

Puedes contratar seguros para casi todo lo que compras, y algunas tarjetas de crédito te ofrecerán uno por un excedente en la cuota mensual. Dependiendo de la ciudad en la que vivas o el estilo de vida que tengas, tal vez valga la pena que contrates uno para bienes de alto valor como celulares.

Algunas aseguradoras ya te ofrecen paquetes que combinan toda clase de cosas, como reposición de bolsas y billeteras en caso de robo o pérdida, gastos de reexpedición de documentos, gastos de cerrajería, asistencia jurídica, asistencia con tus productos electrónicos y hasta te reponen el kit de maquillaje. Estos seguros a menudo los ofrecen junto con el pago de la tarjeta de crédito.

Seguro de educación

La educación es el patrimonio más valioso que les puedes heredar a tus hijos. El seguro educativo permite cubrir las necesidades futuras de gasto en educación de los menores, asegurar su formación académica, y abarca diferentes niveles de educación en caso de invalidez o muerte. La mayoría de los seguros

libera el dinero en determinados años y no requiere que el benefactor fallezca o esté inválido.

El valor asegurado que se contrate debe ser acorde con el nivel de educación, el programa y el periodo de estudio que se quiera garantizar al beneficiario, ya sea la primaria, secundaria, preparatoria, licenciatura, posgrado o cualquier otro ciclo de estudios. Adicionalmente, el seguro educativo te ofrece la posibilidad de realizar un ahorro que te permita recaudar a lo largo del tiempo el capital necesario para las diferentes etapas educativas de tus hijos.

Seguro de gastos funerarios

Es un seguro que busca cubrir los servicios de asistencia funeraria por el fallecimiento de cualquiera de las personas aseguradas designadas en la póliza, y cuya muerte ocurra en la vigencia de la misma.

Cubre todos los gastos de preparación del cuerpo, obtención de licencias de inhumación o cremación, traslado del cuerpo, suministro de carroza fúnebre para el servicio, ataúd, sala de velación y trámites civiles y eclesiásticos.

Seguro de viajes

Te protege contra accidentes en el extranjero y cubre gastos médicos. Puedes contratarlos en las mismas agencias de viaje por el tiempo determinado que estarás fuera de tu país o con tus tarjetas de crédito. Los bancos también ofrecen este servicio. Incluso habrá países que te exijan este tipo de seguro para poder ingresar.

Seguro de animales

Aseguran desde caballos hasta el gato de la casa. En el caso de animales de cría, tiene todo el sentido del mundo, mientras que en caso de mascotas vale la pena asegurarlos por gastos veterinarios.

Seguro de desempleo (por despido)

Puedes asegurar el pago de algunas de tus obligaciones durante unos meses (regularmente de tres a seis), en caso de que pierdas el trabajo. Este tipo de seguros se ofrecen por lo general con otros productos como tarjetas de crédito, crédito hipotecario, automotor, personal y de nómina. Si dejas de trabajar a consecuencia de despido puedes aplicar a este tipo de seguros. Deberás acreditar los elementos y documentos establecidos por la compañía aseguradora para validar el reclamo del seguro, entonces ésta pagará las mensualidades comprometidas con la institución de crédito durante el tiempo pactado en el seguro. Ten en cuenta que si renuncias a tu trabajo estos seguros no son aplicables.

Seguro de responsabilidad civil

Para personas que atienden a terceros y necesitan protección contra posibles daños que puedan ocasionar. Son perfectos para los profesionales que atienden personas: médicos, odontólogos, ingenieros, arquitectos y cualquier otro personal que pueda ser sujeto de demandas por daños a terceros. Incluso los vendedores de seguros necesitan uno para promover seguros. Este seguro cubre los daños ocasionados a terceros siempre y cuando se produzcan por culpa o negligencia de la persona asegurada. También cubre las indemnizaciones por las que el asegurado resulte civilmente responsable en caso de muerte o lesiones causadas a terceros, daños materiales a bienes pertenecientes a terceros y gastos de defensa del asegurado.

SEGUROS HAY PARA TODOS, CON TODAS LAS MODALIDADES DE PAGO Y COBERTURAS. NO HAY EXCUSA PARA QUEBRARSE Y PERDER TODO LO QUE HAS CONSEGUIDO, SIEMPRE Y CUANDO PRIORICES LA OBTENCIÓN DE LOS MISMOS DE ACUERDO CON TUS OBJETIVOS Y PLANES FINANCIEROS.

CUIDADO CON LA LETRA PEQUEÑA

Antes de terminar, debo mencionar que los seguros de vida se hacen inválidos cuando se comprueba que ha habido fraude o incumplimiento de sus cláusulas, y las compañías de seguros están más que curtidas en cuanto al tema, por lo que no cubren en caso de suicidio en los primeros años de la póliza, riesgo no cubierto en la misma (por ejemplo, si eres instructor de paracaidismo pero tu póliza no contempla deceso en el trabajo, debes morir por causas distintas a las provocadas por tu trabajo para que les den el dinero a tus beneficiarios), o si falleces haciendo una actividad riesgosa bajo influencia de alcohol o drogas o en incumplimiento de la ley.

Como ya dije, es bueno que leas muy bien la letra pequeña; cada seguro tiene sus reglas, y cosas que a ti te parecerían lógicas no lo son si no se dejan por escrito. Otros seguros por accidentes cubren fallecimiento durante el accidente, pero no si sucede días después, así sea a causa de éste. Otros no cubren en caso de que fallezcas en un motín o huelga, otros si la mujer muere durante el parto, y una larga lista de etcéteras.

Es mejor que te cures en salud y revises exactamente qué cubre tu seguro y te lo tomes literal: por ejemplo, hay seguros de vida que cubren muerte por accidente de tránsito, pero no por terremoto. Revisa con lupa: es prácticamente imposible ganar una reclamación que tu seguro considera que no procede.

Dicho todo esto, es muy bueno que antes de lanzarte a adquirir todos los seguros investigues cuáles tienes ya. Revisa todas las condiciones de tus tarjetas de crédito (aunque como ya hiciste esto en el capítulo 2, supongo que ya es un consejo trillado, ¿verdad?), pues a veces te añaden 2 000 o 3 000 pesos de seguro de desempleo, o de vida, o de robo y no te has dado cuenta. Habla con recursos humanos en tu trabajo para enterarte a qué estás afiliado y a qué no. Algunas aseguradoras NO te cubren si tienes seguros paralelos para las mismas cosas.

En fin, hay seguros para prácticamente todo y si consideras que algo es importante, sin duda puedes conseguir un seguro para eso.

7
───── EL MAL DE MUCHOS: ─────
"NO TENGO TRABAJO"

¿CÓMO MANEJAR EL DINERO CUANDO NO TIENES TRABAJO?

De nada te sirven 10 libros sobre finanzas personales que te aconsejan cómo manejar el dinero que ganas en el trabajo si tú, como casi 4% de los mexicanos, está desempleado y sin fuente de ingresos.

Las circunstancias de cada persona son diferentes, por ello plantearé a continuación distintos escenarios.

Cuando te acabas de quedar sin empleo formal

Tal vez éste sea el más afortunado de los casos. Sí, muchas empresas en México y en el mundo se están deshaciendo masivamente de sus empleados. Si te tocó la mala suerte de caer en una reestructuración (también aplica si simplemente te despidieron), eres la persona más afortunada dentro de la categoría de los desempleados, pues tienes a tu favor que la empresa te va a liquidar y que aún no te has gastado esa lana.

En este caso, lo que se puede hacer no deja mucho a la imaginación:

1. Haz una lista de todas tus obligaciones y deudas.
2. Revisa si tienes contratado algún seguro de desempleo. Algunos productos bancarios lo tienen.
3. Reduce inmediatamente gastos y endeudamientos nuevos.
4. Negocia con tus acreedores: cuéntales la situación y negocia las cuotas más bajas que puedas, mientras vuelves a percibir ingresos.
5. Si tienes un fondo de emergencia, revisa para cuántos meses te alcanza según el nuevo nivel de gasto que proyectaste, y añade tu recién adquirida liquidación a la suma.
6. Busca, busca trabajo como nunca para poder volver a nivelar tus finanzas.

Cuando ya te gastaste la liquidación o eso es lo único que tienes

Si, por el contrario, perdiste tu trabajo hace algún tiempo, ya no tienes un peso de la liquidación y tu fondo de emergencia está en ceros, las medidas que tienes que tomar son un poco distintas.

Ha llegado la hora de pagar facturas, servicios, cuotas, colegiaturas, etc., y no tienes un peso o digamos que tienes muy poco para vivir. No hay soluciones fáciles para este tipo de situaciones. No tener empleo cuando uno está acostumbrado a que le paguen quincenal o mensualmente es difícil, no voy a mentir o a tratar de quitarle importancia a ese mal momento que viven muchos de los mexicanos.

Reconocido esto, es necesario ponerte en acción y tomar medidas austeras. Recuerda que entre más meses puedas darte el lujo de buscar trabajo, mejor, así no te sentirás obligado a aceptar el primero que te ofrezcan sin pensar en las implicaciones.

Ten presente que las épocas de vacas flacas pasarán y que la frugalidad y austeridad no serán para siempre si haces un buen trabajo al proteger tu economía AHORA.

Veamos las siguientes recomendaciones:

1. Realiza una lista de tus gastos básicos mensuales y no incluyas allí ninguna cosa de la que puedas prescindir. Una vez priorizadas las necesidades básicas, como techo y comida, lo siguiente que debes pagar son los recursos que necesitas para buscar trabajo: internet, teléfono, acceso a la impresión de tu currículum laboral, dinero para transporte si requieren tus servicios o que asistas a una entrevista, lo básico para presentarte en la entrevista y dar una buena impresión, etcétera.

   También haz una lista de todos los recursos que podrías obtener mensualmente, incluyendo ayuda de amigos y familiares. Ésta es una medida que puede ser deprimente para ti, pues pedir dinero nunca es una labor fácil, pero condiciones desesperadas requieren medidas desesperadas. Necesitas saber con cuánto dinero cuentas mientras consigues trabajo o ingresos más estables.

2. Negocia con los bancos las demás deudas que tengas, y si aun así no puedes pagarlas, debes seguir en la

búsqueda de un empleo o negocio que te brinde ingresos extra. Algo que debes tener en cuenta en este tipo de situaciones es que debes priorizar tus necesidades básicas y las de tu familia. Es posible que tengas que dejar de pagar algunas deudas para poder comprar comida o que tengas que hacer otros sacrificios para mantener la educación de tus hijos. Eso sí, identifica TODOS los agujeros negros por donde se te va el dinero y asegúrate de estar ahorrando en todos los gastos que puedas. No vas a salir de ésta sin sacrificios, pues si no los haces el daño en tu economía puede ser irreversible. Una vez que hayas negociado hasta la camisa con todos tus deudores, paga sólo las cuotas mínimas de tus tarjetas. Si te encuentras en este punto ya debiste haber negociado para diferir tus deudas a la mayor cantidad de cuotas posibles. Aquí los intereses pasan a un segundo plano, pues cuando consigas trabajo siempre puedes pagar la cantidad que quieras y cancelar tus deudas. Hecho esto, no vuelvas a utilizar tus tarjetas de crédito. La idea es parar el tren de gasto, no generar más deudas.

Si estás pagando el préstamo de tu casa, prioriza estos pagos y negocia con el banco un plan de contingencia hasta que vuelvas a tener trabajo. Si pagas renta, da preferencia a este pago y ve cómo puedes bajarla inmediatamente: valora si te sale más barato cambiar de vivienda o pagar la multa por salirte antes del término del contrato de arrendamiento. Piensa cómo puedes comprar tiempo, pregunta cuántos meses puedes mantener tu vivienda antes de que te desalojen y toma medidas acordes. Como la vivienda es una de las cosas más importantes para ti y tu familia, debes hacer todo para priorizar; si debes vender otras cosas, como el auto, hay que hacerlo.

3. Aunque es obvio, ahorra. Además de las ideas que te doy sobre ahorro, creo que vale la pena mencionar éstas otras.

   Busca opciones más convenientes para comprar los alimentos:

   - La central de abastos es mucho más barata que el supermercado de la esquina, y ahora que no tienes empleo tienes el tiempo para ir.
   - Considera comprar "lo del día". Algunas tienditas de la esquina te venden alimentos hasta por gramos.
   - Por el contrario, tal vez te convenga comprar al por mayor: aunque dije que es mejor mantener la liquidez, si, por ejemplo, tienes un bebé y los pañales cuestan a dos tercios del precio del supermercado, trata de comprarlos de esta forma; son un gasto fijo y básico.

4. Recuerda hacer tiempo para buscar trabajo. Buscarlo es un trabajo en sí mismo y requiere algún nivel de tiempo y dedicación. No dejes cosas al azar por la prisa. Arregla tu currículum laboral y preséntalo de la mejor forma posible, asiste a las entrevistas puntualmente y bien presentado, e investiga todo sobre la empresa a la que quieres entrar. No digas que quieres el trabajo sólo porque "necesitas dinero", a las empresas también les gusta pensar que tienen a los mejores candidatos trabajando para ellas, no a los que otra empresa no quiso.

   Es de vital importancia que administres bien el tiempo; de ser necesario haz un calendario en un papel en el que fijes horas específicas para buscar trabajo y otras para generar ingresos extra.

No caigas en estas tentaciones cuando te quedes sin ingresos

1. **Lanzarte a pagar deudas enteras y destinar para esto todo o gran parte del dinero que te queda por quitarte ese peso de encima:** es mejor que conserves tu efectivo. La tentación de pagar una deuda con la liquidación puede ser muy grande, pero es mejor que te aferres a tu dinero. Recuerda que la iliquidez es la mejor amiga de la pobreza.

2. **Invertir.** Digamos que no tienes trabajo, pero alguien te propone montar un nuevo negocio. Te pide una inversión de 50 000 pesos mientras echa a andar el negocio: NO, en este momento no estás para esperar dividendos. Hazlo sólo si tienes un buen colchón financiero y estás seguro de los retornos, de otra manera las inversiones, por más jugosas que se vean, no son para ti ahora que te encuentras en economía de supervivencia. Recuerda que una mayor cantidad de dividendos implica un mayor riesgo: NO debes correr riesgos financieros hasta que consigas estabilidad de ingresos.

3. **Seguir con tu tren de gastos normal porque piensas que tienes un muy buen fondo de emergencias y que conseguirás trabajo pronto.** En este momento vale más ser precavido que optimista. Entre las razones que producen cuadros de estrés postraumático se encuentra haber atravesado por una situación económica muy dura o haber sufrido escasez o miedo a ésta. Es decir, las personas pueden llegar a quedar traumatizadas por el estrés que les genera sentir que no podrán solventar sus deudas, y esto conlleva múltiples consecuencias deplorables para la salud física y mental, que a largo plazo terminan costándoles más. No te arriesgues, entra en modo de supervivencia si es necesario, pero no vivas

con el miedo de que vayan a embargar tu casa o de que no te alcance para comer.

4. **Endeudarte.** Por favor, no se te ocurra pedir un gran préstamo y con éste mismo pagar tus cuotas y las otras obligaciones que tienes. Ni porque estés seguro de que vas a conseguir trabajo en dos meses.

5. **Emplearte y volver a caer en el ciclo de endeudamiento.** Recuerda que estás en periodo de prueba al inicio y que la mayoría de los trabajos no son para siempre. Aprende a asegurar todas tus deudas para que se suspendan o se refinancien durante algún tiempo en caso de que vuelvas a quedarte sin empleo (por eso, nada de prestamistas independientes, ellos ofrecen intereses a las tasas más altas del mercado y nadie quiere que te vayan a buscar a tu casa).

6. **Emocionarse porque te llega una lana o porque ya conseguiste empleo y sacar préstamos y nuevas tarjetas de crédito.** Con calma, vuelve a hacer un presupuesto y administra el dinero como lo hacías antes.

7. **Utilizar tus tarjetas de crédito para mantenerte líquido.** Es decir, no compres una pizza a 12 meses y no hagas el súper con tarjeta de crédito a seis meses.

8. **Pensar que como no tienes ingresos, no debes llevar cuenta de lo que gastas.** Pensar en gastos es estresante en un momento así, lo sé, pero es ahora cuando más debes hacerlo, pues debes identificar cualquier agujero negro por donde se te vaya el dinero.

9. **Solucionar tus problemas psicológicos con más gastos.** Si salir de compras te quita la depresión, te aseguro que recibir el estado de cuenta de la tarjeta de crédito atrasada más de dos meses o recibir la llamada de una empresa de cobro jurídico te va a afectar más.

10. **Volver a tener ingresos y no pagar tus deudas del banco porque "ellos ya saben que no les voy a pagar".** Tus

deudas crecen como bola de nieve y es posible que quieras acceder al mundo crediticio en otra ocasión en tu vida.

11. No te metas en negocios que no conozcas hasta que los entiendas.

SÍ TENGO TRABAJO, PERO DE MANERA IRREGULAR: EL SÍNDROME DEL BOLSILLO VACÍO

Las personas que trabajan de forma independiente y acaban de empezar, o que tienen ingresos esporádicos, son susceptibles de caer en lo que yo llamo el "síndrome del bolsillo vacío", en el que una persona puede ganar al año más que otra que gana un salario mensual, pero aun así siempre tiene la impresión de que no tiene dinero y de que la lana no alcanza para nada. El mundo del trabajo informal está lleno de hoyos negros por donde se va el dinero. Si eres *freelancer* o trabajas por contratos esporádicos, por lo general no vas a saber a ciencia cierta con cuánto dinero vas a contar mensualmente, por lo que las reglas normales de presupuesto, gasto e inversión no aplican para ti.

Muchos no se explican cómo una persona gana en una semana más de lo que ellos ganan en un mes, pero luego las ven sin un peso en el bolsillo, pidiendo que las inviten a comer. Son las mismas personas que se gastan 30 000 pesos en un celular y los pagan en efectivo, pero no tienen cómo pagar la tarjeta de crédito tres meses después.

La persona con este síndrome es la que hoy gana 100 000 pesos por un contrato, pero sigue sin lana porque con eso paga las deudas que acumuló durante el tiempo que no le salió nada. Entonces, en dos meses le sale otro trabajo por 50 000 pesos y pasa lo mismo. Y esa persona no puede ahorrar, no tiene ni cinco centavos en el banco, porque nunca sabe cuánto dinero va a necesitar, y no se puede quedar ilíquido. Luego, se sorprende cuando ve que le toca hacer su declaración anual y que no tiene ni idea de cómo hacerla, entonces va con un contador y le dice que le debe tanto a Hacienda. ¿Y entonces a dónde se le fue la lana?

Asimismo, esa persona ve con extrañeza cómo sus amigos asalariados ganan menos que ella al año y aun así nunca se angustian por dinero, tienen varias inversiones, ahorran y han podido comprar lo que desean.

Si te identificas en esta descripción, eres una persona que ha aprendido a vivir entre épocas de vacas flacas y vacas gordas, y esto te parece normal... Sin embargo, no es normal que tengas ingresos, pero no logres tus objetivos financieros.

Aquí es donde hay que aplicarle ingeniería inversa a las finanzas personales: vas a tener que planear tus ingresos y tus gastos de una forma diferente y tomar medidas que ahora pueden parecerte estrictas.

¿Cómo manejar mis finanzas si soy independiente?

Las personas independientes pagan este privilegio al tener que ser mucho más cuidadosas con las cuentas. Hay muchos que piensan que ser independiente es el "sueño", no tener que pedir permiso para vacaciones, levantarse a la hora que quieran, tener tiempo libre para pasar con los niños, no tener que usar corbata todos los días.

También significa tal vez nunca tener vacaciones porque no pueden dejar a sus clientes y estar en modo "venta" invariablemente para conseguir más, levantarse a las 10 de la mañana porque no durmieron en la noche por entregar una propuesta de la que tal vez no salga ningún fruto, ser juzgado excesivamente por la ropa que usan al visitar a un cliente y, a veces, no saber cuándo va a ser el día en el que puedan pasar una hora seguida con sus hijos.

Y eso sin contar con todos los profesionales que trabajan por servicios o por comisiones: enfermeras a domicilio, niñeras, cuidadores, diseñadores *freelance*, escritores independientes, programadores, desarrolladores de páginas web, corredores inmobiliarios, vendedores de autos. La lista de personas que ofrecen sus servicios ya sea porque no han podido conseguir un trabajo fijo o porque no han conseguido uno bien pagado es interminable, y todos ellos están en riesgo de caer presas del síndrome del bolsillo vacío.

Entonces, respondiendo a la pregunta, diremos que de forma muy sencilla: al revés.

PLANEAR LOS GASTOS (*AL DETALLE*)

¿Cuánto es lo mínimo con lo que puedes vivir? Así es como debes empezar. Esto se hace para saber la cantidad mínima con la que te puedes mantener en un mes y también lo mínimo que debes ganar.

Muchos dirán que sin un salario fijo ni siquiera se van a molestar en hacer un presupuesto; simplemente gastarán más cuando tengan dinero y menos cuando no. Pero entonces se pierde la oportunidad de ahorrar y sobre todo de invertir, por lo que ésta no es una manera inteligente de manejar el dinero.

Voy a ayudarte un poco a definir el concepto de "esencial".

Comida

- Todos tenemos que comer, pero tú puedes hacer un presupuesto mínimo de lo que gastarás en súper para coci-

nar en tu casa. Haz cuentas con lo más barato que te puedas permitir. Planea tus compras en la central de abastos o en la tiendita de frutas de la esquina; compara precios.

- No incluyas aquí comidas en restaurantes o a domicilio, a no ser que tengas que comer fuera de vez en cuando si tienes que visitar clientes o invitarlos por un café.
- Busca los tratos que más te convengan: algunas tiendas tienen tarjetas de puntos o promociones especiales según el día de la semana.
- Como siempre, sé realista en tus cuentas y no planees que vas a ir a la central de abastos si sabes que vas a terminar comprando en un supermercado.

Vivienda

- **Tú y tu familia deben tener un techo sobre la cabeza.** Si eso depende de ti, esto es un gasto esencial. Al costo de vivienda mensual añádele los impuestos (predial, por ejemplo, si vives en casa propia o pagas hipoteca) y el seguro (siempre, siempre ten seguro). Añade también los costos de reparaciones y mantenimiento que correspondan.
- **Suma servicios públicos mensuales y costos de teléfono e internet si los necesitas para tu trabajo.** Diría televisión, pero para ser honestos eso no es un gasto esencial

y, además, la mayoría de las compañías ya ofrecen estos servicios en paquete, por lo que es probable que te salga más barato contratar los tres servicios en uno.

Seguro de salud

- Es necesario estar afiliado al IMSS o ISSSTE o tener un seguro de gastos médicos mayores, no es hora de apostar a que no te va a pasar nada o de pensar que porque eres joven aún, no necesitas ocuparte de tu salud.

Transporte

- Si debes movilizarte para visitar clientes, entonces los costos de transporte deben ser tomados en cuenta. Piensa en el mínimo costo de transporte. Puede ser transporte público o particular: piensa en cuál es el más adecuado para tu trabajo. Si definitivamente necesitas un auto, suma los costos de mantenimiento, seguro e impuestos. No te olvides de comparar los costos del auto con los de un taxi o servicio de plataforma digital, a veces hasta puede salir más barato que tener uno propio.

Impuestos

- Sólo hay dos cosas de las que nadie puede huir: la muerte y los impuestos; planéalos dentro de tu presupuesto. No porque a veces tengas el bolsillo vacío quiere decir que te los van a perdonar.

PLANEAR LOS INGRESOS

Lo siguiente que debes planear son los ingresos. Esto implica saber cuánto vale tu trabajo en el mercado y ser realista. Si eres, digamos, diseñador, y todos tus amigos cobran 3 000 pesos por hacer un logo, te va a ser difícil cobrar 7 000 sin ofrecer algo adicional.

 PLANIFICAR CÓMO VAS A GASTAR EL DINERO ES MÁS IMPORTANTE CUANDO TUS INGRESOS SON ESPORÁDICOS QUE CUANDO SON FIJOS.

Cuando tengas claro cuánto es el mínimo que puedes cobrar, considera cuántos contratos potenciales tienes y haz cuentas de cuántos podrías ganar.

Como ya sabes cuánto es lo mínimo que gastas al mes, puedes disponer del resto de la lana para ahorrar (incluido un fondo de emergencias), invertir y darte otros "lujos"; deberías hacerlo en este orden de prioridades, preferiblemente. Administra tu dinero de forma que no se te confunda el dinero de lo básico con el resto. Es muy fácil pasarte cuando todo está en la misma cuenta bancaria. Ten ahorrado para vivir al menos seis meses con los gastos básicos, así no estarás angustiado si uno o dos meses no reúnes el dinero que esperabas. Esto debería estar aparte del fondo de emergencias. Sólo retira dinero del fondo de emergencia en situaciones absolutamente necesarias, como pérdida repentina de un dinero que tenías programado, emergencia médica, emergencia familiar (tu mamá se enferma y tienes que viajar para cuidarla, por ejemplo), daño en tu vivienda, daño en tus herramientas de trabajo (auto, ropa, herramientas manuales, computadora, teléfono).

IDEAS PARA GENERAR MÁS INGRESOS O ASPIRAR A UN MEJOR SUELDO MIENTRAS APARECE *ESE* TRABAJO

Invertir en educación y actualización

A veces hay que invertir un poco más en educación y actualización para que puedas aspirar a un trabajo mejor. Investiga qué títulos o habilidades podrían servirte para ascender de puesto y revisa bien el tipo de curso o capacitación que vas a tomar; pide referencias antes de tomarlo. Esto aplica para todos los niveles y puede ser una herramienta valiosa para que te aumenten un poco el sueldo o te ofrezcan un puesto un poco mejor.

Hablando de educación y de cursos, es impresionante la cantidad de personas que me cuentan historias de cómo tomaron un curso y ahora viven tiempo completo de esto, o al menos es una fuente importante de ingresos. Tengo una amiga que hizo un curso de pintura de porcelanas y ahora vende en una tienda de decoración en todo el país. Con eso paga las actividades recreativas de su familia, incluidas las vacaciones.

Un conocido aprendió a hacer vitrales y ahora hasta le encargan ventanales. Con eso ha llegado a ganar hasta 90 000 pesos extra al año. Otra amiga hace pasteles por encargo y su negocio se volvió tan famoso que tuvo que contratar un ayudante y luego dedicarse de tiempo completo, pues las ganancias superaban las de su trabajo. Claro, nada se siente mejor que la estabilidad de un trabajo fijo, por eso es que estos empleos, aunque representen buenos ingresos, siempre deben planearse bajo la lupa de la sanidad financiera.

Comprar, vender e intercambiar artículos

Sólo se necesita saber sumar y restar. Si, por ejemplo, tú tienes acceso a una mercancía que se vende muy bien y podrías ganar algo de ello, pues prueba. Por ejemplo, conozco una persona que tiene acceso a un proveedor de vitaminas en gomita que prometen hacer crecer el cabello, y comenzó a ofrecerlas en aplicaciones como Wallapop, Mercado Libre y Facebook, y se empezaron a vender; esta persona se dio cuenta de la oportunidad y allí ganó dinero.

Hoy en día hay aplicaciones donde puedes realizar trueques o maneras de buscar ahorros colectivamente con otras personas que donan artículos, libros, etc. Y otras donde puedes encontrar cosas usadas en buen estado. Algunas de estas aplicaciones son OLIO, Segundamano, Telocambio, entre otras.

Generar ingresos de forma distinta

Apóyate en el capítulo 2 sobre cómo ahorrar e identifica formas distintas a tu profesión de generar ingresos. Si, por ejemplo, eres ingeniero, pero un as al volante, no pasa nada si te metes de conductor de Uber en las tardes, aunque sea para pagar las cuotas mensuales, internet y el teléfono tan necesarios para buscar trabajo. No es momento de mantener las apariencias, y te va a dar más vergüenza cuando vayan a embargarte el auto o la casa, o más tristeza cuando a tu hijo lo regresen de la escuela por no pagar la colegiatura. Son circunstancias duras, pero quiero enfentarte a la realidad de lo

que puede pasar. Conozco un par de amigos que se quedaron sin trabajo y con toda la vergüenza del mundo me dijeron que ya no podían salir más hasta que volvieran a recuperar sus finanzas; sin embargo, pusieron a la orden su casa para hacer todas las reuniones que quisiéramos allá. Los que de verdad éramos sus amigos pasamos un año visitándolos y, como nuestra economía sí lo permitía, entonces llevábamos cosas de comer, alguna película y pasábamos un buen rato. Al cabo de un tiempo decidieron vender sus muebles que estaban en perfecto estado y cada uno llevaba un cojín donde sentarse. Así hasta que efectivamente lograron conseguir otros trabajos sin perder su casa y luego se recuperaron rápidamente sin haber incurrido en deudas nuevas.

Las situaciones difíciles requieren conversaciones difíciles con los amigos y familiares.

En México es normal que las personas trabajen en un empleo que consideran "por debajo de su nivel". Muy probablemente conoces a alguien que estudió una carrera universitaria y hasta maestría y labora en algo muy distinto a ello. Lo que menos necesitas en una situación tal es seguir aparentando, debes tomar lo que te ayude a salir de deudas. Te mantendrá un poco más tranquilo con tus gastos del mes y en lo que buscas un mejor trabajo.

Otro ejemplo de lo antes mencionado es que es muy común que la gente se vaya a trabajar a Estados Unidos primordialmente en busca de una mejor vida para ella y sus seres queridos. Dentro de la sociedad mexicana siempre ha existido el valor que tenemos hacia el trabajo y las ganas de no quedar estancados. Simplemente ten en cuenta esto y toma las medidas necesarias para que tus finanzas no se vean afectadas de manera severa.

Piensa en las decenas de extranjeros que vienen al país a poner restaurantes o tiendas de recuerdos en las zonas turísticas; es mejor vivir una vida tranquila y dormir sin tener que preguntarle a la almohada todas las noches cómo vas a cubrir las deudas del siguiente mes.

No te sientas avergonzado por las medidas que tomes para proteger tu economía.

Otras ideas para generar ingresos extra:

- Cuidar niños
- Pasear perros
- Asear casas
- Conducir
- Ser asistente
- Ofrecer servicios en plataformas de trabajo *freelance*
- Vender artículos en ferias y bazares

- Ofrecer tus servicios de acuerdo con *hobbies* o talentos (cantar, tocar un instrumento, hacer videos, manejar programas, escribir, decorar fiestas, hacer pasteles)
- Rentar una habitación de tu casa
- Rentar toda tu casa (si es propia) e ir a vivir con familiares durante un tiempo o rentar una más barata
- Vender tu auto, tus muebles, tus inversiones, a veces hasta tu casa; esto te comprará más tiempo y hará que puedas recuperarte mejor cuando vuelvas a generar ingresos

Puedes pensar que es sencillo decir esto desde la página de un libro, pero no te desesperes. No caigas en estafas ni salidas fáciles, hay muchas formas de obtener dinero y de manejarlo, pero sólo una de dormir tranquilo: con la conciencia limpia. Lo harás, conseguirás ingresos eventualmente, y cuando los tengas estarás preparado para manejarlos.

8

LOS 11 PASOS DE MONEY SUTRA

DE LA TEORÍA A LA PRÁCTICA

Ahora que llegamos al final, me gustaría recapitular y llevarte paso por paso hacia la tranquilidad financiera. Para esto vamos a poner un escenario como guía: el caso de Lupita, quien tiene un niño de siete años. Ella trabaja tiempo completo y su esposo hace trabajos esporádicos como consultor.

1. Definir prioridades

A Lupita le gusta pasar tiempo con su familia y desarrollar actividades de esparcimiento cuando está con ella. Por la edad de su hijo, una de sus prioridades es mantener su salud y la de su esposo. Otra es el estudio, por satisfacción

personal y porque quisiera ascender profesionalmente. A Lupita le gusta leer y está muy interesada en la moda.

2. Establecer qué objetivos y sueños te gustaría cumplir a corto, mediano y largo plazos

A corto plazo, Lupita quisiera cambiar a su hijo mayor a una escuela diferente, en donde las colegiaturas cuestan un poco menos y queda más cerca de su casa. También quisiera comprar una *laptop* nueva.

A mediano plazo, a Lupita le gustaría iniciar un diplomado. También le gustaría llevar a su familia de viaje a Europa en un lapso de tres a cinco años.

A largo plazo, Lupita quisiera terminar de pagar su vivienda y pagar los gastos universitarios de su hijo.

3. Ahorrar con propósito

Plazo	Objetivos	Valor	Años
Corto	Computadora nueva	17 000	1
Mediano	Diplomado en mercadotecnia	85 000	2
	Viaje familiar a Europa	100 000	4
Largo	Universidad y maestría de su hijo	3 500 000	10

CUADRO 8.1. *Objetivos de ahorro de Lupita*

¿Cuánto cuestan estos sueños y objetivos?

4. Contabilizar los gastos mensuales

Gastos	Costo
Básicos	
Comida y otros de supermercado	7 000
Vivienda (hipoteca)	6 000
Salud	1 200
Servicios (agua, luz, gas)	1 500
Mantenimiento de vivienda	500
Internet y teléfono	600
Celular	400
Cable	800
Ropa	1 500
Educación	4 500
Contratación de terceros	
Peluquería	650
Empleada	1 200
Cuidadora	4 500
Lavandería	600
Otros (instructor de natación)	1 200
Pagos a bancos	
Tarjetas de crédito	3 000
Créditos de auto	4 000
Gastos de trabajo	
Comida	1 400
Vestimenta	1 400
Gastos sociales	
Salidas e invitaciones	5 000

Gastos	Costo
Regalos	2 000
Vehículos propios	
Mantenimiento	600
Seguros	1 500
Gasolina	3 000
Entretenimiento	
Restaurantes y domicilios	2 500
Paseos	1 200
Otros	1 200
Vacaciones	2 000
Mascotas	300
Otras compras en efectivo	1 100
Otras compras con tarjeta	1 100
Total	63 450

Cuadro 8.2. *Gastos mensuales de Lupita*

Contabiliza gastos durante uno o dos meses.

5. Contabilizar ingresos

Ingresos netos	Monto
Salario	45 000
Ingreso cónyuge	19 850
Otros ingresos	0
Total	64 850

Cuadro 8.3. *Ingresos de Lupita*

¿Cuánto se gana al mes?

Así como Lupita, ten en cuenta todo lo que ganas al año, las ganancias ocasionales y el dinero que se invierte en tus fondos de pensiones, fondos de ahorro, bonos, aguinaldo, repartición de utilidades, saldos a favor en Hacienda y otros ingresos.

6. Estar en números rojos (gastar más de lo que se gana y no ahorrar nada)

Diferencia entre ingresos y egresos	1 500

Cuadro 8.4. *Déficit monetario de Lupita*

Es increíble cómo las personas pueden vivir de esta forma con deudas o apenas con los ingresos, en un equilibrio tan delicado que no entiendo cómo hacen para dormir tranquilos de noche, mes con mes.

Gracias al cielo, si son empleadas quiere decir que al menos ya están ahorrando para salud y pensión.

Revisa la tabla para ver cómo hizo Lupita para cubrir sus gastos. Antes de revisar sus finanzas, Lupita solventa impuestos y logra un balance económico gracias a las primas y bonos que le dan en su trabajo durante el año, y así continúa manteniendo su delicado equilibrio financiero.

Identifica los agujeros negros por donde se te va el dinero. Piensa en todas las formas posibles de ahorro, tales como cargos en tu tarjeta de crédito que no sabes a qué corresponden; cargos de seguros que no necesitas; cargos de comisiones y tasas exorbitantes en tu tarjeta de crédito y otros créditos; membresías que no has usado en años o de las que puedes prescindir (¡esto incluye tiempos compartidos!); cargos extra en los servicios públicos, en los servicios de teléfono, internet, cable; compras recurrentes, impulsivas y no necesarias;

multas que se hubieran podido evitar y gastos que se hubieran prevenido con planeación o disciplina.

7. Emprender acciones

Fíjate en las acciones que emprendió Lupita para reducir su nivel de gasto tratando de afectar lo menos posible sus prioridades. Analiza tu propia tabla de gastos y piensa en lo que podrías hacer para reducir el gasto o eliminarlo.

Gastos	Acciones para ahorrar	Dinero ahorrado
Básicos		
Vivienda (hipoteca)	Negoció una refinanciación a más años.	250
Servicios (agua, luz, gas)	Ella y su familia tomaron acciones para ahorrar luz y agua.	60
Internet y teléfono	Cotizó un plan más competitivo que además incluye televisión por cable por el mismo precio.	25
Celular	Cotizó un plan más competitivo.	15
Educación	Decidió cambiar a su hijo de escuela y ahora ahorra en colegiatura, comida y transporte.	150
Contratación de terceros		
Peluquería	Decidió preguntar en más peluquerías y estéticas los costos y eligió una un poco más económica. También aprendió a hacer algunos procedimientos ella misma.	75
Empleada	Redujo los días que la empleada va a su casa y algunos días limpian el hogar en familia.	200

Gastos	Acciones para ahorrar	Dinero ahorrado
Cuidadora	Decidió pedir ayuda de familiares para reducir el tiempo de guardería de su hijo pequeño.	750
Lavandería	Lleva su ropa a una lavandería más barata que le queda de camino al trabajo.	50
Pagos a bancos		
Tarjetas de crédito	Renegoció los términos, hizo un préstamo de libre inversión y canceló una de sus tarjetas.	450
Créditos de auto	Ella y su esposo acordaron vender uno de los autos y arreglarse con uno, dado que su esposo no trabaja tiempo completo.	500
Gastos de trabajo		
Comida	Cocina algunos días a la semana y lleva comida para comer en la oficina.	100
Vestimenta	Aprendió a optimizar su clóset sin comprometer su estilo y decidió buscar diferentes precios y ofertas.	150
Gastos sociales		
Salidas e invitaciones	Decidió priorizar las salidas con su familia frente a las salidas sociales.	550
Regalos	Ahora busca diferentes opciones de regalos durante el año y evita sobreexcederse en presupuesto.	250
Vehículos propios		
Mantenimiento	Ahora cuidan más el auto y lo limpian regularmente.	125
Gasolina	Gasta menos en gasolina pues conservó el auto más eficiente.	750

Gastos	Acciones para ahorrar	Dinero ahorrado
Entretenimiento		
Restaurantes y domicilios	Incrementó las compras del súper yendo a los mercados y tiendas de mayoreo. También aprendió diferentes recetas y cocina más que antes.	400
Paseos	Sale mucho menos que antes dándole prioridad al viaje que tiene en mente en el mediano plazo.	200
Otros	No sacrificó salidas a centros comerciales ni actividades de recreación pues es prioridad para ella.	0
Otras compras en efectivo	Redujo las compras en efectivo para llevar más saldo en su tarjeta de débito.	150
Otras compras con tarjeta	Se toma en serio el bienestar de su familia y sus metas financieras. Paró los gastos innecesarios con su tarjeta.	750
Total		**5 950**

Cuadro 8.5. *Ahorro de Lupita*

¿Qué puedes hacer para reducir gastos?

8. Pagar las deudas

- Haz un inventario de todas las deudas que tienes, como tarjetas de crédito, créditos de libre inversión, créditos a terceros o créditos hipotecarios.
- Calcula las tasas de interés de todos los productos y los plazos de pago.

- Trata de bajar los intereses por medio de negociaciones con tu banco y, si no es posible, por medio de compras de cartera o refinanciación.
- Evita tentaciones al sacar nuevos créditos.
- Empieza por pagar las deudas menores o con la tasa más alta.
- Cuando termines de liquidar esa deuda, destina el dinero que originalmente sufragabas para hacer un pago extra a tu siguiente deuda.
- Mantén créditos hipotecarios o negocia una mejor tasa. Como son diferidos a muchos años te conviene más ahorrar el dinero que pagar más ahora y quedar ilíquido.

9. Generar más ingresos

Lupita y su esposo iniciaron una tienda en línea en donde venden joyas que la mamá de Lupita hace y también importa desde China. El esposo de Lupita la maneja, y con esto logran un ingreso mensual de 5 000 pesos extra, los cuales reinvierten hasta que el negocio se balancea.

Lupita negocia un 5% de aumento más para que vaya directo a una cuenta de ahorro privado que, posteriormente, con los rendimientos, le ayudará a pagar todas sus deudas.

Además, como vimos anteriormente, Lupita y su esposo vendieron uno de sus autos por 250 000 pesos.

10. Ahorrar e invertir

Lupita logra reducir sus gastos obteniendo un excedente mensual de 5950 pesos más 2 250 por aumento de sueldo para un total de ahorro al año de 98 400. Y obtiene 250 000 por la venta de su segundo auto.

En el primer año invierten 132 600 pesos en el negocio de joyería en línea, con los otros 114 000 pagan el crédito del auto actual y destinan 4 000 mensuales para pagar el crédito total de las tarjetas de crédito y los intereses que se han ido acumulando. Como se mencionó anteriormente le descuentan de nómina 2 250 pesos mensuales para una cuenta de ahorro privado del aumento de sueldo de 5%, y 3 500 los destina para la creación de un fondo de emergencia en una cuenta de ahorros y comprar su computadora nueva.

Para el primer año pagó el crédito del auto actual con la venta del segundo auto por 140 000 y paga el saldo total de las tarjetas de crédito, con aportes de 4 000 mensuales adicionales al pago mensual de las tarjetas, por un total de 48 000. Adicionalmente creó un fondo de emergencia por más de 42 000, más sus aportes a su cuenta de ahorro privado por 27 000, y compró su computadora por 17 000. Por un total de 257 000.

A partir del segundo año puede ahorrar alrededor de 9 950 al liberarse de las deudas del carro y tarjetas de crédito. En el segundo año invierte su excedente mensual en un fondo de renta fija a 6% de tasa efectiva anual.

Año	Mes	Capital total Tasa de interés	Tasa de interés mensual	Interés ganado por mes	Monto total a final de mes	Aportes anuales con inflación estimada	Inflación anual estimada
1	1	$ 9 950	0.49%	$ 49	$ 9 999	$ 9 950	4%
1	12	$ 122 671	0.49%	$ 601	$ 123 272	$ 9 950	

Cuadro 8.6. *Resultados de la inversión en el primer año*

Con este dinero se inscribe a su diplomado de 70 000 pesos y paga un paquete a Disney con la familia por 45 000, y el excedente lo aportan al fondo de emergencia por 8 272 pesos.

Para el tercer año invierte en un portafolio de largo plazo a una tasa efectiva anual promedio de 12%.

Año	Mes	Capital total Tasa de interés	Tasa de interés mensual	Interés ganado por mes	Monto total a final de mes	Aportes anuales con inflación estimada	Inflación anual estimada
1	1	$ 9 950	0.95%	$ 95	$ 10 045	$ 9 950	4%
2	24	$ 266 801	0.95%	$ 2 535	$ 269 335	$ 10 348	
4	36	$ 429 731	0.95%	$ 4 082	$ 433 813	$ 10 762	
5	60	$ 833 214	0.95%	$ 7 916	$ 841 129	$ 11 640	
10	120	$ 2 473 847	0.95%	$ 23 502	$ 2 497 348	$ 14 162	

Cuadro 8.7. *Resultados de la inversión en 10 años*

Ya para el décimo año Lupita completa el capital para la universidad y maestría de su hijo. Y podría seguir invirtiendo para mejorar su pensión o cualquier otro objetivo.

¿A qué debo destinar mis ahorros?

- Fondo de emergencias (prioritario)
- Plan de ahorro privado, preferentemente un plan personal de retiro
- Productos financieros y fondos de inversión
- Otro tipo de inversiones

¿Cuánto tiempo me tomará cumplir estos sueños, teniendo en cuenta las inversiones?

Opciones:

- Poner 10% o el porcentaje que puedas directamente en un fondo de ahorro o cuenta bancaria.
- Poner 10% o el porcentaje que puedas directamente en un plan personal de retiro.
- Poner 10% o la cantidad que puedas en un fondo de emergencia.

Nadie quiere perder liquidez por una emergencia. Haz las cuentas del dinero extra que te costará comprar cosas a crédito y mejor empieza a ahorrar.

11. Disfrutar

Si te das cuenta, en el caso de Lupita ella destina aproximadamente entre 10 y 15% de su salario a la categoría "lo que a mí me gusta", y en realidad es libre de utilizar este dinero en lo que ella y su familia consideran importante.

TOMAR PRECAUCIONES Y SEGUROS

LUPITA NECESITA VARIOS SEGUROS: SEGURO DE VIVIENDA TOTAL, DE VIDA, DE EDUCACIÓN PARA SU HIJO, DE DESEMPLEO, DE MASCOTAS Y DE VEHÍCULO.

UNA DE LAS CAUSAS FRECUENTES POR LAS QUE LAS PERSONAS QUEDAN EN BANCARROTA ES LA ILIQUIDEZ QUE PRODUCE UNA EMERGENCIA, POR ESO ELLA ESTÁ AFILIADA A SEGUROS SEGÚN SU ESTILO DE VIDA, Y AHORRA 10% DE SUS INGRESOS PARA UN FONDO DE EMERGENCIA, DE MANERA QUE ESTÁ PREPARADA Y PROTEGIDA ANTE CUALQUIER EVENTUALIDAD.

EL CASO DE LUPITA ES UNA ILUSTRACIÓN DE LO QUE LAS
PERSONAS PODRÍAN LOGRAR CON UN BUEN MANEJO DE
SU DINERO. SÉ QUE LAS CIRCUNSTANCIAS Y CONDICIONES
DE CADA PERSONA SON ÚNICAS, ASÍ QUE ESTOS PASOS,
TABLAS Y PROYECCIONES SON SÓLO SUPUESTOS QUE ESTÁN
PENSADOS PARA AYUDARTE A IDENTIFICAR MEJOR TUS
PROPIAS CONDICIONES DE VIDA Y RECURSOS.

9

ÚLTIMOS CONSEJOS PARA TU TRANQUILIDAD FINANCIERA

AUTOMATIZA TU VIDA FINANCIERA

Recuerda que el objetivo de este libro no es mantenerte esclavo de las cuentas y los cálculos de porcentajes, sino, precisamente, conducirte a la tranquilidad financiera que te permita enfocarte en lo que a ti te gusta hacer en la vida.

Si trabajas, cumples con tu deber y ganas dinero, lo mínimo que puedes pedirle a la vida es disfrutar de ella.

Para automatizar tu vida financiera, cumple las siguientes indicaciones:

- Un porcentaje de tu dinero se va directamente a pagar seguros de salud y pensión.
- Si aún no la tienes, abre una cuenta de ahorros que te retorne los mejores intereses del mercado. Para esto, compara diferentes cuentas; los bancos tienen toda esta información publicada en sus páginas de internet.
- Haz que 15% (mínimo 10%) de tu salario o ingreso se vaya automáticamente a una cuenta de ahorros, fondos de inversión, fondo voluntario de pensiones, etc. Un asesor en tu banco te puede ayudar a programar este movimiento automáticamente.
- Destina de 60 a 70% de tu sueldo o ingresos para pagar todos los gastos fijos que tienes. Aquí se incluye el pago de deudas y el ahorro para el fondo de emergencia. Si te sobra dinero, ¡felicitaciones!, te aconsejo dividirlo entre la cuenta de ahorros para objetivos específicos y de inversión.
- En tu cuenta de ahorros destina 10% (mínimo 5%) (o en otra, como tú prefieras, sólo ten en cuenta los gastos de mantenimiento de tener varios productos bancarios), y mantén el fondo de emergencia destinado a protegerte de imprevistos y complétalo lo más pronto posible después de que tengas que disponer de él.
- Toma 15% (mínimo 10%) de tu salario o ingreso y disfrútalo. *Ahora es el tiempo de aprovechar para hacer "lo que a ti te gusta".*

LAS SIETE REGLAS DE ORO
DEL INVERSIONISTA INTELIGENTE

1	PLANEACIÓN DE OBJETIVOS CLAROS Y REALIZABLES
2	EL TIEMPO ES ORO
3	LA MAGIA DEL INTERÉS COMPUESTO
4	LOS EFECTOS DE LA INFLACIÓN
5	EL CORRECTO USO DEL CRÉDITO
6	LA OPTIMIZACIÓN TRIBUTARIA
7	DIVERSIFICACIÓN

Figura 9.1. *Reglas de oro*

1. **Planificar objetivos claros y realizables.** Si no ponemos los pies sobre la tierra corremos el riesgo de planificar objetivos poco realizables.

2. **El tiempo es oro.** Entre más rápido comencemos a ahorrar e invertir en nuestros objetivos, serán más factibles de realizar.

3. **La magia del interés compuesto.** Una vez que comenzamos a ahorrar e invertir nuestro capital y a generar intereses, éstos a su vez se reinvierten, y así sucesivamente. Ganamos intereses sobre los intereses.

4. **Los efectos de la inflación.** Si dejamos nuestro dinero debajo del colchón sin invertir, comienza a perder su valor en el tiempo.

5. **El correcto uso del crédito.** Debemos manejar bien nuestro crédito y conocer bien los conceptos de deudas buenas y deudas malas.

6. **La optimización tributaria.** Hay que conocer y utilizar los beneficios existentes y cumplir adecuadamente con nuestras obligaciones tributarias.

7. **Diversificación.** No pongas todos los huevos en la misma canasta. De acuerdo con tu edad y objetivos, invierte en diferentes tipos de instrumentos de renta fija y variable.

LA RIQUEZA NO SE MIDE EN DINERO SINO EN TIEMPO

Éste es un concepto útil de Robert Kiyosaki. Cuantifica el número de meses que puedes sobrevivir sin trabajar, manteniendo el mismo nivel de vida que llevas y ésa es tu riqueza. Por ejemplo, si tus gastos mensuales (y de tu familia) son de 50 000 pesos y tienes un ahorro efectivo de 600 000, entonces tu riqueza es de 12 meses. Así de simple. Para decir qué tan rico eres, habla en términos de "tiempo": "Tengo una riqueza de ocho meses". O "mi riqueza es de cinco años". Haz el ejercicio.

No tomes en cuenta el valor de tus muebles, casa, autos, casa de campo, etc. Lo que usas para vivir, como lo haces, no forma parte de tu "riqueza", porque si lo vendieras bajarías tu nivel de vida.

Ahora escucha: según esa definición, la persona realmente rica tiene una riqueza de 15 años o más. Quizás estás leyendo este libro en tu casa, o quizá te encuentras junto a la ventana de tu departamento, mientras tus inversiones y empleados trabajan para ti. Pero seamos claros. Si no tienes una riqueza mayor a 15 años, no eres rico. Quizás en el pasado lo fuiste y hace tiempo cambiaste hacia una personalidad más débil. Y es que el rico, después de una buena racha, a veces deja de producir y comienza a gastar dinero de manera ostentosa modificando su perfil.

Este enfoque nos sirve para alinear nuestros objetivos y lograr la tan anhelada tranquilidad financiera.

LA REGLA DEL 70-10-20

Entiende que hay objetos y servicios tangibles e inmediatos necesarios para cubrir y satisfacer el "aquí y ahora", pero también los hay para asegurar estabilidad a futuro.

- **Gastos:** aquellos donde el dinero se destina a pagar estados de cuenta, servicios básicos, alimento y transporte. ¡Ojo! No se debe confundir gustos con necesidades: comprar agua es necesario, pero comprar la marca importada de Europa es un gusto. A estos gastos, la regla dice otorgar 70% del salario neto.

- **Lo que nos gusta hacer:** aquello a lo que el dinero se destina para mantener cierto estilo de vida, ya sea a través de la renta de un plan de teléfono, las salidas, los fines de semana, la compra de cierta marca de alimento, ropa de una tienda en particular, etc. A estos gastos se permite otorgar un 10% del salario neto.
- **Ahorro e inversión:** no todos saben de un tercer gasto, que más bien es una apuesta en uno mismo: el ahorro. En el ahorro no hay un objeto o servicio tangible que se intercambia al momento, pero es importante considerarlo mes con mes para cubrir una meta a futuro, como lo puede ser el fondo para el retiro, el pago de una beca universitaria o unas vacaciones. Al ahorro, por regla hay que destinar un 20% del salario neto.

Identifica tus gastos y aplica la regla

Piensa en tu propia situación y escribe cuáles son tus gastos necesarios, gastos por gusto y cuánto destinas al ahorro. Si es la primera vez que escuchas sobre esta regla, muy probablemente no cumplas con ese 70-10-20. Esto suele pasar a menudo, pues depende mucho de los compromisos económicos de cada persona. Lo importante es:

- Darnos cuenta de cuánto es nuestra capacidad de compra real para no endeudarnos con lo que no podemos pagar.
- Considerar el ahorro como un porcentaje real dentro de nuestra situación económica, no como "lo que sobra al final del mes". Incluso si sólo puedes ahorrar 5%, estarás inculcando el sano hábito financiero de ver a futuro.

BIBLIOGRAFÍA

- *Abundiz, Gianco*, Saber gastar, *México, Aguilar, 2007.*
- *Banco de México (www.banxico.org.mx).*
- *Comisión Nacional para la Protección y Defensa de los Usuarios de Servicios Financieros, Condusef (www.gob.mx/condusef).*
- *Finauta.com*
- *Morningstar, Ibbotson Associates (www.morningstar.com).*
- *Ramsey, Dave L.,* The Total Money Makeover, *Nashville, Nelson Books, 2003.*
- *Roca Falla, Mauricio,* Mis finanzas personales, *Bogotá, Aguilar, 2010.*
- *Sethi, Ramit,* I Will Teach You To Be Rich, *2ª ed., Nueva York, Workman Publishing, 2019.*

AGRADECIMIENTOS

Quiero aprovechar estas líneas para agradecer a todas las personas que me han ayudado y apoyado a lo largo de estos años para hacer realidad *Money Sutra*. En primer lugar, a toda mi familia. A mis hijos Sebastián y Felipe, que siempre han estado a mi lado, brindándome su apoyo. Quiero mostrar mi más sincero agradecimiento a Alejandra Escudero, Ángela Olmedo, Victoria Pinto, Jorge Galvis, Javier Sinco, Manuel de Jesús Rodríguez, Emilio González y a todo el equipo de Finauta.com, quienes me han respaldado incondicionalmente en la elaboración de este libro.

ESTIMADO LECTOR:

Quiero felicitarte por haber concluido la lectura de este libro, y por esto te invito a que tomes una asesoría online gratis a través de nuestra página

www.moneysutra.com.mx

por 30 minutos, en donde podrás resolver tus dudas y te ayudaremos a crear la base de tu planificación económica. ¡Bienvenido a la tranquilidad financiera!

A través de este código QR obtendrás el acceso a nuestra página para agendar tu asesoría gratuita.

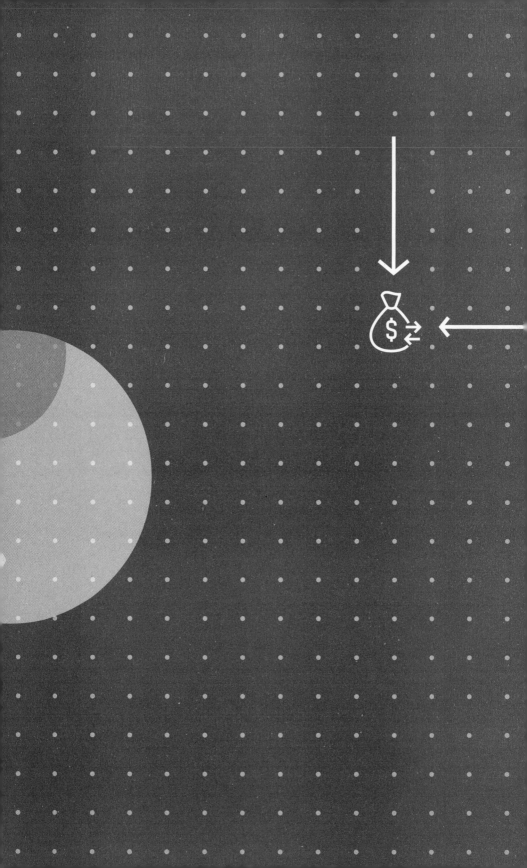

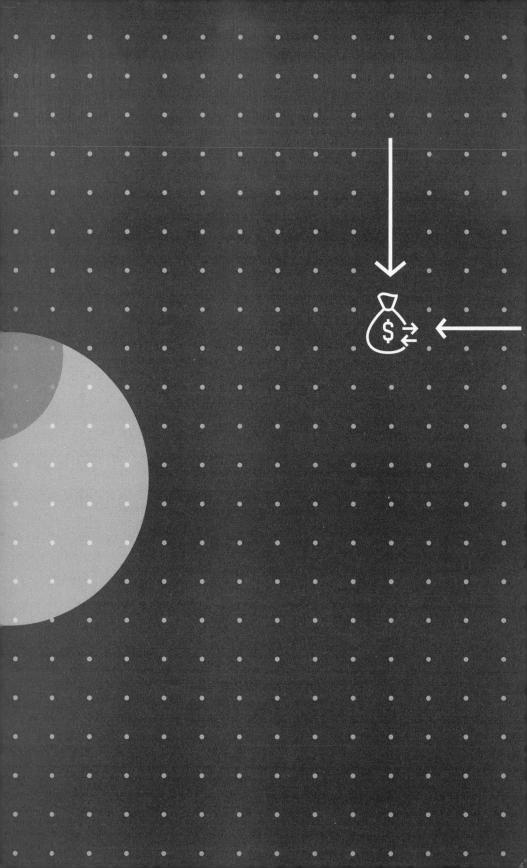

Money Sutra de Mauricio Roca Falla
se terminó de imprimir en marzo de 2020
en los talleres de
Litográfica Ingramex, S.A. de C.V.
Centeno 162-1, Col. Granjas Esmeralda, C.P. 09810,
Ciudad de México.